广告标题致效创作

GUANGGAO BIAOTI ZHIXIAO CHUANGZUO

金延泊　编著

中国海洋大学出版社
·青岛·

图书在版编目（CIP）数据

广告标题致效创作/金延泊编著. -青岛： 中国海洋大学出版社，2011. 7

ISBN 978-7-81125-775-5

Ⅰ. ①广…　Ⅱ. ①金…　Ⅲ. ①广告-写作　Ⅳ. ①F713. 8

中国版本图书馆CIP数据核字（2011）第149640号

出版发行　中国海洋大学出版社
社　　址　青岛市香港东路 23 号　　**邮政编码**　266071
出 版 人　杨立敏
网　　址　http://www.ouc-press.com
电子信箱　coupljz@126.com
订购电话　0532-82032573（传真）
责任编辑　李建筑　　**电　　话**　0532-85902505
印　　制　日照报业印刷有限公司
版　　次　2011 年 8 月第 1 版
印　　次　2011 年 8 月第 1 次印刷
成品尺寸　146mm×209mm
印　　张　17. 125
字　　数　224 千字
定　　价　24. 80 元

前 言

我国改革开放后，以经济建设为中心，整个社会商潮滚滚，广告业高歌猛进，广告收入以每年约两位数的速度增长。2003 年广告经营额突破 1000 亿元人民币，2007 年仅报刊广告总额就达 808.71 亿元，2009 年广告经营额达 2041 多亿元。广告在传播文化知识，促进社会经济发展，提高文明生活的同时，也制造了大量的信息垃圾，浪费了广告主大量的银子。“我知道广告费至少有一半被浪费了，但问题我不知道究竟是哪一半。”约翰·沃纳梅克的这句名言，贴切地概括了很多企业在广告营销宣传中面临的窘境。本人从使媒体广告工作多年，目睹了太多泥牛入海无消息的广告，仅报刊广告，每年约几百亿元的营业额，真正能产生广告理想效果或为客户带来效益的，有一半已是万幸。那些效果差的广告，就同一媒体的广告创作而言，更多的不幸是广告标题败笔造成的，触目惊心！

广告是知识、技术、人才密集的高新产业，从业者理应为社会创造美，为客户创造价值，这是道德，也是责任。

广告业务论著颇多，但我没有见到有关广告标题方面系统的专著，有的只是散见于著作中的章节。在吸收前人优秀文化理论及研究成果的基础上，结合实践经验，尝试做点拾遗补缺之事。

本书共三部分：第一部分，是常识性的提示，从广告标题的价值及其他元素的比较中，说明广告标题的重要性，以引起创作者足够的重视。第二部分，广告标题致效要素，从成功广告案例或优秀广告中提炼归纳出几点，找点规律性的东西，既有前辈理论的继承，也有实践经验的提升，兼容创新，有实用性。第三部分，内容涉及两方面，一是从整体广告标题创作方面谈，也有大师金科玉律；二是从广告标题创作或表现中的“病态”方面谈，引以为戒。

书中引用了大量报纸或杂志广告资料，对他们的创作表示感谢。书中如有不当之处，请指正。

金延泊

2011 年 5 月 30 日

目 录

第一章　广告标题的价值

广告标题有一般标题的特点，但它的商业性使之与其他标题又有本质的区别。

广告标题是平面广告最重要部分，是决定读者是否读正文的关键，它代表着为一则广告所花费用的80%。

广告标题的注目、点睛、诱导、促销等功能，在市场中不仅体现出物质层面的经济价值，还客观带来精神层面的社会价值；商业性与艺术性的表现，促进了整个社会物质文化生活的提高。

优秀的广告标题是广告标语所不能替代的。

一、广告标题的概念

1. 广告标题

标题是报刊上新闻和文章的题目，通常特指新闻这种文体的题目，用大于正文的字号、精辟的词语，对新闻内容和中心思想富有特色的浓缩和概括。它是新闻的一个组成部分，是新闻报道的延续和最后完成。标题的功能体现在：（1）帮助读者选择新闻信息的向导；（2）引导读者理解和阅读新闻的纲领；（3）满足读者扩大新闻信息需求的手段。

广告标题有一般标题的特点，但它的商业性使之与其他标题又有本质的区别。它是广告的题目，旨在传达最为重要或最能引起诉求对象兴趣的信息，通常以大于正文的字号，位于广告文案的最前面，统领全文，吸引受众阅读广告其他内容的简短语句。具有鲜明的商业功利性。其特点：一是提携全文，传递一则广告最为重要的信息；二是引起受众兴趣，诱读正文；三是语句精确简短，位置醒目，引导消费。这是它区别其他文体题目或不同广告内容的标志。

我国最早的工商业印刷广告，是北宋时期济南刘家针铺的广告铜版，上面雕刻的标题：“济南刘家功夫针铺。”

1622 年英国创办了第一份英文报纸《新闻周报》，第一篇名副其实的报纸广告于 1650 年出现了，是一幅“寻马悬赏启事”。广告作为商业经济发展的产物，广告标题从原始产生时就具有商业功利性。

“天津牙膏产品介绍”是1979年1月4日，《天津日报》刊登的“文革”后我国第一条商品广告，表现形式简单，通栏，高仅20行，放在第三版垫底的地方，极不起眼。改革开放之初，党报率先向市场化经营迈出第一步，犹如晨起的钟声，唤醒了中国的广告业。

再如上海大众汽车广告标题：“买上海桑塔纳新车，一年内不限里程免费质量担保”

乐百氏纯净水广告标题：引题为“每滴都要经过足足17层净化，不含杂质” 主题为“乐百氏纯净水”

上海通用五菱汽车广告标题：“风雨变换，唯我品质不变”（南方周末 2003.12.4）

中外运敦豪广告标题：“快递重货，不必重金！”（北京晚报 2004.3.17 日）

菱帅汽车广告标：“菱帅一年省的油，足以多跑一趟万里长城！”（半岛都市报 2005.4.13）

云南白药牙膏广告标题:

主题:“不要与9种人接吻”

副题:“除非他(她)改用云南白药牙膏”(半岛都市报2006.4.14)

移动宽带广告标题:

主题:“3G新生活 移动宽带上网”

副题:“720元包18个月上网费送3G上网卡”(半岛都市报2009.8.3)

佳能DV广告标题:

主题:“现在买什么DV划算?”

副题:“现在买很超值,那是佳能双闪存DV”(半岛都市报2010.2.25)

来味牌麦片广告标题:“纽约正把它吃光”(威廉·伯恩巴克)

万宝路香烟广告标题:“从菲利浦·摩里斯那儿新来的万宝路滤嘴香烟”(李奥·贝纳)

……

上述古今中外广告标题,虽然诉求点各不相同,表现水准有高低,但其市场营销本质特征大致相同。

2. 广告标题的结构（类型）与特色

广告标题按其内容与构成形式划分，可分为直接标题、间接标题、复合标题。

直接标题

以简明的文字表明广告的主要内容，有主题而无辅题（引题或副题），使人们一看就知道说什么。其基本句式是“主语——谓语——宾语”，或“主语——谓语”式的结构，可以是一行标题，也可以是双行标题，就内容而言多为实题，是最为常见的结构形式。

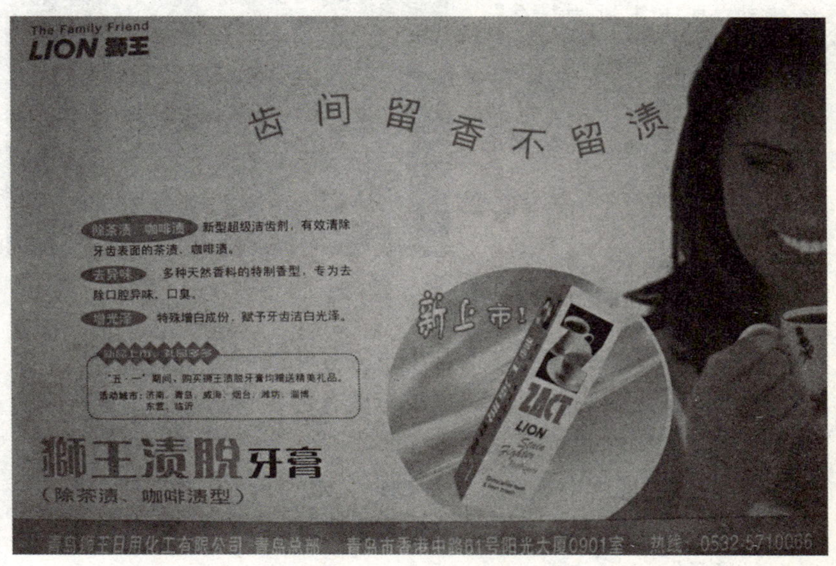

例如， 狮王渍脱牙膏广告标题：“齿间留香不留渍”（半岛都市报 2000.4.29）

松下空调广告标题：“松下空调不降价！”（青岛生活导报 2000.5.24）

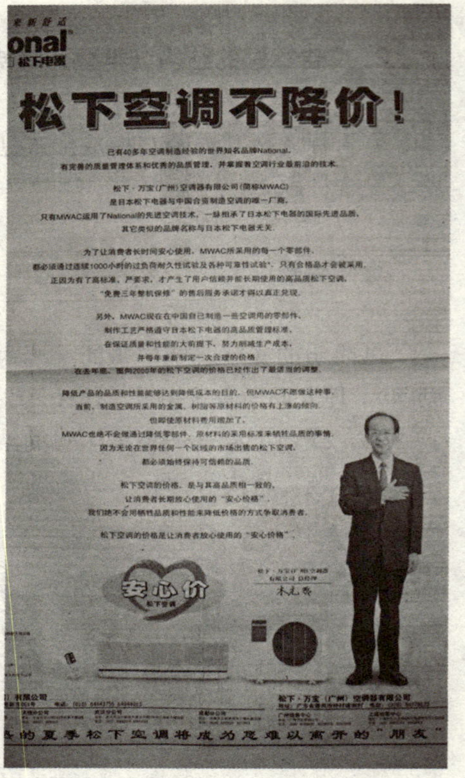

海尔洗衣机广告标题：“海尔环保双动力，真正不用洗衣粉”（半岛都市报 2003.11.14）

一汽大众高尔夫轿车广告标题：“隽永品质，赢得全球 2200 万人的心”（青岛晚报 2004.2.19）

移动广告标题：“好网选移动　我还是相信群众”（半岛都市报 2009.3.13）

诸如招生广告、医疗广告，其标题多是这类结构形式。

间接标题

不直接点明广告宗旨，而是用耐人寻味的词句引人注目，诱发受众联想婉转达到诉求目的。这类标题有形象有悬念有寓意，充满幽默情趣及戏剧性。

例如，　老虎牌电饭煲广告标题：“老虎来了”

《年轻的成功者》杂志广告标题：“利用我吧　要不你就要被别人利用了”

古良牌玉米油广告标题：“要香，还是要健康？”（半岛都市报 2000.4.25）

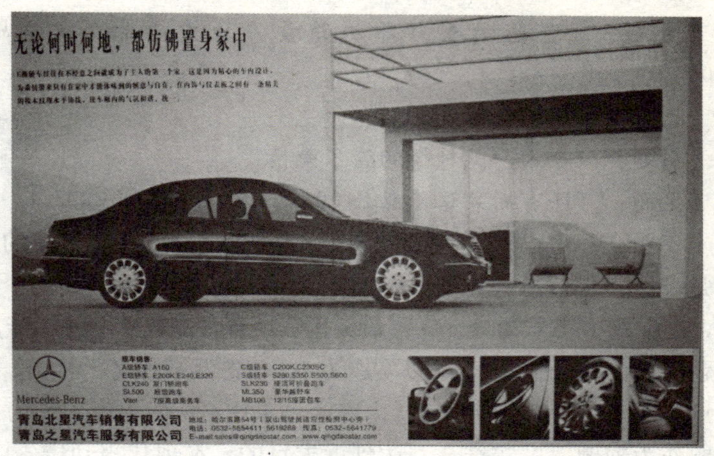

奔驰轿车广告标题：“无论何时何地，都仿佛置身家中”（青岛晚报 2004.2.24）

复合标题

复合标题是指由主题与辅题组成的标题。它可以由其中两种标题组成，如引题与正题、正题与副题等。也可以是引题、正题、副题三种标题组合。有些广告标题要传达较多信息，一则标题容纳不了，或者标题中传达的信息分属不同层次，往往采用复合标题。

复合标题中的各部分起不同作用。引题，又叫眉题或肩题。它或者不是一个完整的句子，或者语义不完整，放在正题的上面（横排）或前面（竖排），只能与主题搭配才能存在，是从属于主题的“先行官”。其作用是为说明主题的意义和内容，或者交代背景和原因，或强化渲染主题，一般采用的方式有叙事、说理、或抒情，根据主题的性质和内容而定。

例如，联想打印机广告标题：

引题：“IDC 最新统计数据显示”

主题：“联想喷墨打印机销量力压爱普生”（青岛早报2003.11.10）

诺基亚手机广告标题：

引题：“令人一见钟情的除了爱情”

主题：“还有新装诺基亚2100！”（半岛都市报2003.12.5）

正题，又叫主题，是主要的题目，也是标题中最受人注意的部分。它是表达广告信息最重要的事实或卖点，它是一个完整的句子或词组，在标题中字号最大，位置最突出。没有主题，标题就不能成立。主题简短精练，通常一行，以实题为主，以产品或服务的性能、功效、特点、品牌、厂名等核心信息内容为诉求中心。但也有虚题为主题，实题作为辅题，虚实结合，达到诉求目的。在现代报刊广告中这类标题并不鲜见。

副题，也叫子题。在主题之下（横排）或后（竖排），用于补充主题之不足。对主题重要的信息内容加以注释、补充、说明、印证。在标题中，副题主实，而且内容较多，比较具体，文字一般长于主题和引题，有时构成多达三四行的“副题组”。主题与副题主次有别，虚实结合，相得益彰。

例如，海尔空调广告标题：

主题：“海尔直流变频空调”

副题：“变频新高度，节能48%”（半岛都市报2003.12.12）

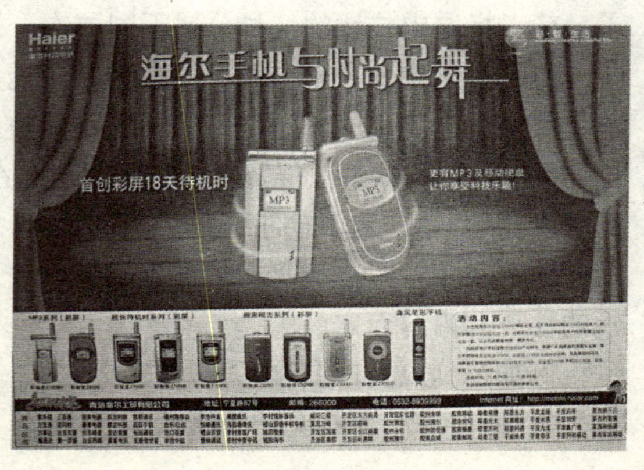

海尔手机广告标题：

主题：“海尔手机与时尚起舞”

副题：“首创

彩屏 18 天待机时，更有 MP3 及移动硬盘，让你享受科技乐趣”（半岛都市报 2003.11.14）

力士二合一洗发水广告标题：

主题：“电烫卷发都可以翩翩起舞！”

副题：“头发只要健康有弹性，自然可以随着乐曲翩翩起舞！”（今晚报 1993.8.22）

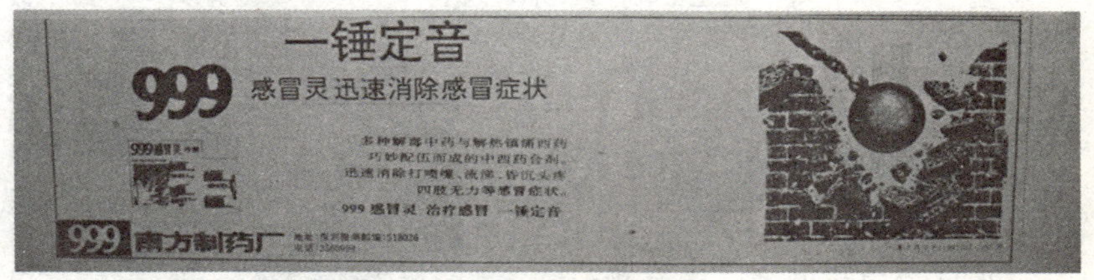

南方制药 999 感冒灵广告标题：

主题：“一锤定音”

副题：“999 感冒灵迅速消除感冒症状”（青岛广播电视报 1994.44）

有些复合性广告标题三者俱备，容纳更多信息，受众在阅读广告标题后基本获悉内容要点与自身的关联情况，欲详知读正文。

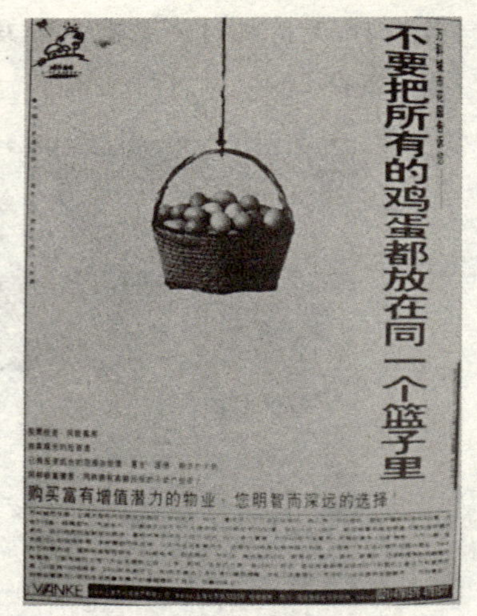

例如，引题：“万科城市花园告诉你——”

主题：“不要把所有的鸡蛋都放在同一个篮子里”

副题：“购买富有增值潜力的物业，你明智而深远的选择。”（第五届全国优秀广告作品展获奖作品）

引题：“赵宝刚导演的又一力作”

主题：“别了温哥华”

副题：“绚丽异国风景，实力偶像联袂”（电视剧《别了温哥华》广告， 北京晚报 2004.3.17）

上海制皂厂广告标题：

引题：“白丽美容香皂的奥秘所在”

主 题：“ 今 年 20 明 年 18 ……”

副题：“洗涤——护肤——美容 融三种功效于一体”（全国第二届广告作品展优秀作品集）

北京亮马新世家广告标题：

引题：“上东区 2004 成熟生活现在时”

主题：“‘醇’正三居，表里如一的阳光生活”

副题：“在亮马，阳光纯板开敞通透，层高 2.9 米，落地景观大窗，内外阳光充沛，表里如一”（北京青年报 2004.3.25）。

二、广告标题的价值

1. 广告标题的重要性

广告标题是广告文案的题目，题是额，目是眼睛，是广告的“门面”，内容的灵魂，主题最简明有力的体现。“题好一半文”，“人靠衣装，文靠题妆”。清代著名文学书画家郑板桥说过：“作诗非难，命题为难，题高则诗高，题矮则诗矮，不可不慎也。”作诗命题如此，广告命题则更要斟酌创造。

广告大师对广告文案的标题非常重视，有让人深思的妙论。大卫·奥格威认为：“标题是大多数平面广告最重要的部分，它是决定读者是不是读正文的关键所在，读标题的人平均为读正文的人的5倍。换句话说，标题代表着为一则广告所花费用的80%……在我们行业中最大的错误莫过于推出一则没有标题的广告。”标题是一瞥的艺术，如报刊上那么多文章及广告，哪一部分读，哪一部分不要读，是读者瞬间决定的，这一瞬间就先看标题的好坏，标题好就能吸引住人，不好就一瞥而过弃之。《欲望制造家——揭开世界广告制作的奥秘》的作者埃里克·克拉克说：“一般来说，许多人看了标题就像看了广告的正文。由此追踪下去，如果你在标题中把你的产品销不出去的话，你就已浪费38%的金钱……”

2. 广告标题的功能

广告标题的重要性取决于其自身具备的功能。汤姆森基金会编著的《新闻写作基础知识》一书中写道：“你可以把马牵到水边，但你却无法强迫它饮水。当你把你的报纸送到读者手中的时候，你会遇到类似的问题：无法强迫他阅读。不过，有一个办法可以诱使他阅读你的报道，那就是，运用精彩的标题。”在广告文案中标题的作用体现在以下几个方面。

点明主题　引人注目

广告标题以高度概括的语言，突出最重要的广告信息，表现广告宗旨，是受众读到或听到标题就可以了解正文的中心内容。它或者是商品与服务的销售主张，或者是消费者的利益关注点。广告标题以短小精悍的词句、显眼的字体，放在广告“醒目”的地方，招惹“眼球”。

主题：“清咽利嗓 地奥银黄”

副题：“作用显著 起效迅速 使用安全 服用方便”（半岛都市报 2000.7.11）

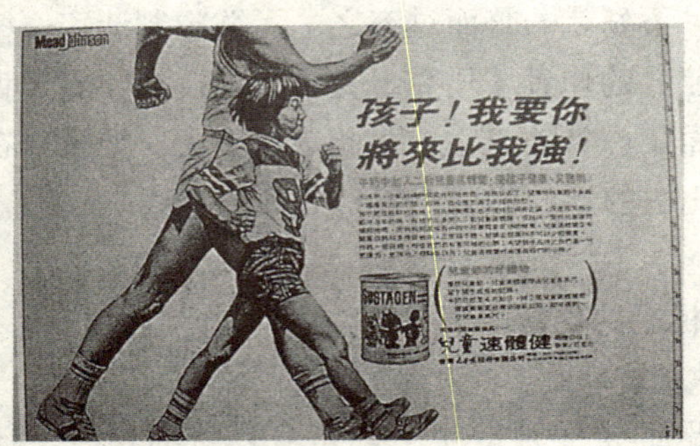

主题：“孩子！我要你将来比我强！”

副题：“牛奶中加入二匙儿童速体健！使孩子健康又聪明！”（1979 年台湾最佳报纸广告金像奖作品）

这种功效或利益表现性广告标题，开宗明义，受众不读正文也能明白广告要表达的内容，像新闻式、叙事式、利益式、颂扬式广告标题表现形式，基本上开门见山直奔主题。

引起兴趣　诱读正文

标题是广告的主题句，不是广告信息的全部，好标题实际上起着诱导受众阅读正文的作用，不但使关心某种商品或服务的消费者从速阅读正文，还能引起潜在的或本无具体目的的人的兴趣。

如 IBM 公司的一则产品广告以“俭省真谛”为标题，创作了一个非常吸引人的悬念，关心该产品的目标受众会有兴趣地阅读正文，从中寻求到底是如何俭省的信息，而对 IBM 产品毫无兴趣的受众，可能会为“俭省”具有的生活性而吸引，试图了解什么是俭省的真谛而阅读正文。像常见的建议式、祈使式、悬念式、幽默式、真理式等表现形式的优秀标题都有这种力量。

如佳能 DV 广告，主题：“这台又小又轻的 DV 哪儿的呀？”副题：“小而轻的 DV，那是佳能双闪存 DV”（半岛都市报 2010.3.22）

标题“我们知道一两件关于惊人的美国人的事情，每天他们当中有 90622 人走过我们的门口。”（克莱斯勒公司企业广告）

羽西牌化妆品广告标题：

主题：“唇之谜语”

副题：“羽西唇印 泄露你的天机”（半岛都市报 2004.5.10）

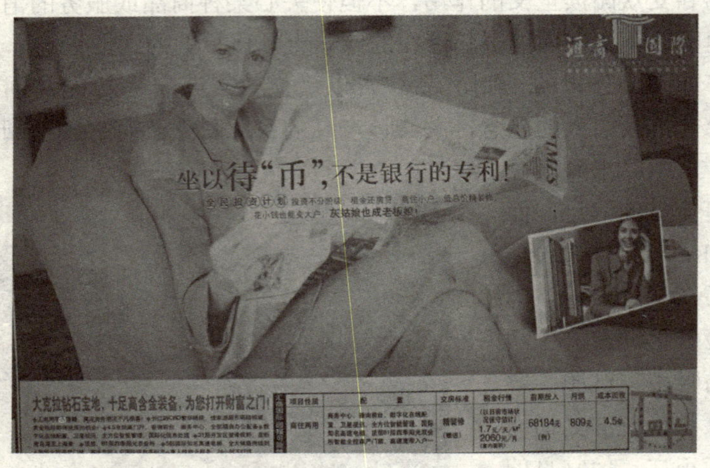

标题：“坐以待‘币’，不是银行的专利！”（汇商国际地产广告，半岛都市报 2003.11.6）

激发受众的兴趣，必须是与他们的利益、情感、生活相关联的资讯。

加深印象　直接促销

“门面”或“眼睛”往往是第一视觉点，也易产生第一印象，越好的广告标题，受众浏览的次数越多，似口号越能留下深刻的印象，尽管那是闪电般的一瞥。广告的目的在于促销，有些广告标题本身就具有非常强的鼓动性和号召力，不仅促进目标消费者采取购买行动，有即可购买的打动效果，还能培养或唤起潜在消费群的消费欲望，起到促销作用。

例如，青岛交通建设有限公司“交运山庄”广告标题：

主题：“交运山庄开盘了！”

副题：“等你回家”（青岛晚报 2004.3.26）

海信空调广告标题：“空调选变频　变频选海信”（青岛晚报 2004.3.26）

雷尼替丁胶囊广告标题：

引题：“小心！”

主题：“胃疼随时会发生”

副题：“所以要常备不懈”（羊城晚报 2002.8.25）

荣昌制药电视广告标题：“有痔疮　用肛泰”

青岛阳光百货广告标题：

主题：“3 月 8 日时间是女人的”

副题：“即日起至 3 月 14 日，秋冬服装 2 折起特价销售”（半岛都市报 2004.3.5）

3. 广告标题的价值

在美国广告业界，各种调查证明广告效果 50% ～ 75% 是注目字句（catch phrase）的力量。我国台湾广告界将注目字句称为大标题。在广告史上，人们所常提起的广告，几乎都记标题，标题是一则广告作品的代表。

广告标题的价值，体现在人类社会文明发展的诸多方面，既有物质层面的经济价值，也有精神层面的社会价值；有微观的，也有宏观的；有短期促销，也有长期效益；有直接的，也有间接的；从不同角度可以看出其价值所在。

经济价值

即广告标题所创造的经济价值。广告是商品经济发展到一定阶段市场竞争的产物，是社会经济运作与发展的强大驱动力和润滑剂，与社会经济是永恒的互动发展，对消费者、企业、媒体而言，是一种必需。广告文是广告的核心与载体，广告标题又是文案含金量最高的部分，从微观上或短期广告活动促销战术上讲，一则广告标题有时直达靶心，完成广告目的。

如招生招聘广告，医疗广告，节日商场优惠降价促销广告，产品促销广告，其广告标题的直接促销作用，能给广告主创作出立竿见影的经济效益。

例如，青岛鸿福珠宝专卖店广告标题：

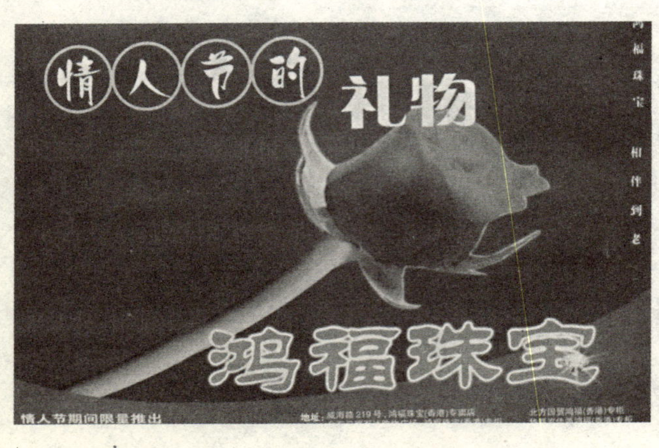

引题：“情人节的礼物”

主题：“鸿福珠宝”

（半岛都市报 2004.2.6）

皇明太阳能公司广告标题：

引题：“旧房已换新居了”

主题：“热水器换什么？”

副题：“皇明冬冠家庭热水中心震撼上市”（青岛早报2004.6.9）

海尔彩电广告标题：“数字时代 买彩电选海尔”（半岛都市报2004.4.5）。

从宏观或长远利益的广告战略上讲，如果说广告效果50%～75%是标题创造的，那么广告标题创作就创造了社会财富，在社会物质层面，它造就了产品、企业、品牌。

企业是社会经济的实体与基础，直接关系社会经济发展与繁荣。一个走向市场的现代企业，像“太阳神集团”、“沈阳飞龙集团”、“济南三株”、“秦池酒业”、“蒙牛”等一举成名的企业，都是现代广告曾产生的神话，其广告标题创作的经济效益也无可估量。

青岛中药厂原是职工不足400人的中型医药企业，现在已成为青岛国风医药集团的龙头现代企业。在激烈的市场竞争中，依靠科学的广告宣传，使企业走向发展壮大的成功之路。1989年，该厂广告费投入为30万元，销售收入为80万元；其产品广告标题：

“银翘解毒冲剂”（青岛广播电视报1990.3）

“一盒银翘冲，全家保康宁”

1990年，该厂广告投入78万元，销售值为170万元；其产品广告标题：

引题：“高级补脑良药”

主题：“健脑丸”

副题：“使您学得更快、记得更清……”

1990年在新药品“快胃片”推销过程中，运用产品未到，广告先行和集中财力开拓，长久占领市场的策略，在药品还没有上市的3个月时间里，电视、报纸、广播等传播媒介上开始宣传“快胃片”，让患者接受这一新药品的过程在产品上市之前完成，当药品上市之后已是卖方市场。在全国胃药市场竞争日益激烈的情况下，短短的一年时间里，成功地开拓了国内市场，畅销 17 个省。其广告标题语“神气的胃药——快胃片”也响彻大江南北。1991 年该药品销售额达 1900 万元，成为国风医药集团的拳头产品。

产品知名度高低，决定它在市场占有份额与价值大小，也影响企业效益多少。“一品”兴“企”的实例，在 20 世纪 90 年代广告打天下的市场，企业似乎是一夜成名。如“太阳神口服液”、“延生护宝口服液”、“三株口服液”、“泻痢停”，及现在的“娃哈哈”、“蒙牛”等产品成名之时，也是企业成功之日。产品名称信息是搭乘高效有力的标题传播快车奔向市场，被受众或消费者认知接受的。广告标题为产品知名度的提升，提供了快车道，也成为企业的名利场。

哈尔滨制药六厂是随着“泻痢停”的知名度而崛起的，止泻抗痢新药——“泻痢停”与其他同类药对照有起效迅速、安全低毒等特点，有强大的市场竞争优势，但因缺乏知名度，“金娃娃”没有大放光彩。

该厂找出问题，调整营销策略，把扩大“泻痢停”的影响和提高知名度作为宣传重点。1991 年投入广告宣传费 300 万元，实行一大三小战役（即泻痢停宣传销售大战和其他三个产品的销售战役），广告媒体以电视、报纸、广播、户外为主。在宣传形式上多样化，凡是有利于推出“泻痢停”的都大胆采用。省内有影响的几家报纸，宣传“泻痢停”的广告标题字样频频出现；广播中不时传来“泻痢停，一吃就灵”的声音；市内繁华区、主要地段，随处可见“泻痢停”的路牌和灯箱；行驶于市内干道上 30 多辆公共电、汽车，车身上大字标题广告“止泻药王——泻痢停”；1992 年又投入 150 万元，在中央电视台播放“泻痢停”广告。

全方位的广告标题式宣传，使“泻痢停”名声大噪，知名度陡增，赢得消费者和市场，社会也认识了哈尔滨制药六厂。

广告标题与生俱来就是品牌推广宣传者，几乎知名品牌都有雄踞广告标题的习惯。品牌的价值无与伦比。它是一种商品区别于其他商品的外在表现形式与消费选择识别，它所代表的既有该商品所具有的特质，又具有深厚的科技文化的附加值。一种商品作为物质存在，总有一天会因为技术原因被其他商品赶上和超越；品牌作为产品的形象象征，是存在于消费者脑子里一种抽象概念。它造就了一代一代的品牌忠诚消费者，也造就了无限的市场。“可口可乐”百年来畅销世界各地，品牌价值是其最大的无形资产，电脑中的“IBM”，轿车中的“宝马”，牛仔裤中的“苹果，”通信中的“诺基亚”，中国的“海尔”等著名品牌，企业因它而存在。

美国专门提供品牌资讯服务的品牌集团公司报告表明：如果一家公司的企业价值60%以上来自品牌的话，涉及品牌的投资管理决策比涉及有形资产的决策更有影响力。调查显示，“耐克”、“宝马”和“苹果”的品牌价值都占到公司市场资本总额的77%（国际广告1999.10）。

经国家工商部门授权的北京品牌资产评估有限公司评估，2003年中国最有价值的品牌是海尔集团公司的“海尔”，其品牌价值（人民币）530亿元，2005年品牌价值达到702亿元，2008年品牌价值达803亿元，连续7年蝉联中国最有价值品牌榜首。

“海尔”作为中国家电第一品牌，世界第四大白色家电制造商，目前在全球建立29个制造基地，8个综合研发中心，19个海外贸易公司，全球员工总数超过5万人，已发展成为大规模的跨国企业集团。2008年，海尔集团实现全球营业额1220亿元。2004年1月31日世界品牌实验室、世界经理人周刊和世界经理人联合发布，世界最具影响力的100个品牌，中国历史性，“海尔”唯一入选排第95位。2008年据世界著名的消费市场研究机构Euromonitor（欧洲透视）发布消息：中国海尔冰箱逆势增长20%，以6.3%品牌市场占有率超越惠而浦成为新的世界冠军。“海尔”成为世界级大品牌，其价值不是有形资产所比拟的。

在海尔品牌的发展中，经营决策者品牌战略、多元化战略、国际化战略、世界名牌战略的实施，每年都投入千百万或超亿元的广告宣传费。否则，“海尔”就不会有第一个冰箱品牌，就成不了中国家电第一品牌，就进不了世界级品牌之列。海尔品牌的字样在各种媒体广告宣传中都位居榜首，产品广告标题中随处可见。

例如，广告标题：“追求卓越，海尔冰柜”（青岛广播电视报1994.4）

主题：“洗衣干衣，一机呵成”

引题：“海尔洗衣机，更卓越的洗衣机功能，更完美的星级服务，必定令您称心满意”（青岛广播电视报1995.15）

主题：“海尔变频冰箱”

副题：“变出生活好味道”（半岛都市报2003.12.11）

主题：“数字时代 买彩电选海尔”

副题：“——46英寸等离子，海尔品牌占八成”（半岛都市报2004.4.7）

主题：“海尔空调 氧吧除菌光”

副题：“除菌换气 健康呼吸”（羊城晚报2004.3.25）

主题：“挑战手机待机时间极限”

副题：“海尔彩屏手机18天超长待机大比拼”（半岛都市报2003.12.5）

主题：“海尔整体厨房，倡导‘橱柜家电一体’”

副题：“引领2004消费时尚”（半岛都市报2003.12.11）

主题：“超级吸引力”

副题：“海尔超大吸力吸尘器，创造至洁至美新空间”（半岛都市报2004.4.2）

广告是商品经济的产物，又作用于市场经济推动发展，广告最活跃的地带，也是商品经济最发达的地区。它不仅推动了商品经济高度发展，也对以知识为基础的知识经济的产生、发展起到加速作用。知识经济是人类的经济活动发展到一定阶段的实际表现，高技术创新和科学方法是知识经济的主要内容。它的繁荣不是直接取决于资源、资本、硬件技术的数量，规模和增量，而是直接依赖于知识或有效信息的积累和利用，知识的传播和利用将是经济增长的主要推动力量。而创新则是知识经济发展的内在驱动力，创新就是生活，广告是知识经济的推动者也是创造者，广告标题是信息纲要的有效传播也是传播知识的形式与手段，它所具有的经济价值对物质文明的提高是巨大的。

标题广告，是一种只有标题基本没有文案其他构件的广告形式，类似新闻中的标题新闻，诉求单一，主题鲜明，简洁明了。这类广告多出现在报刊或户外媒体上，为了促销或更多的是形象与品牌的宣传，一般是有一定知名度和市场占有率的产品或品牌。如标题："变频空调选直流　直流变频选海信"（半岛都市报2005.4.7）；户外广告，主题："古井贡酒"，副题："英雄相饮略同"；前者对品牌选择的消费者，直接进行号召性产品促销，后者，更多的是提升品牌形象。

标题广告的价值，在于它独自完成特定的广告任务，直接作用于社会、企业、消费者，影响或促进经济发展。

社会价值

社会价值，即广告标题在广告中对社会受众或消费者所产生的精神层面生活行为的价值，主要体现在知识价值、道德价值、审美价值等方面。它吸收与出售当前社会最具活力的文化元素，通过特有的"聚集"和"显化"功能，将社会文化凝缩并传承下来，成为我们透视各个时期社会文化意识的一面镜子，并在不断地影响社会意识形态与公众生活方式变化中，建构新的社会文化环境。

知识价值

"安利"全球品牌副总裁杰克逊，在2004年广州新闻发布会上透露，纽崔莱营养与健康研究中心不久前与"探索"频道合作，花费巨资制作出一部以营养为主题的科学娱乐电视纪录片——《营养探索之旅》。在美国试播后，反响极为强烈，医学界的专业人士认为应该把它作为医科大学的营养学教程。这是知识的传授。

知识价值是指广告标题所具有或产生的知识性。固然，广告信息不都是知识，但信息毕竟是知识的原始素材，当信息发展为高级形式或者信息对受众生存与发展具有认识价值及改造自然与社会能力时，就具有了知识价值。广告标题创作，就是把做广告的商品与消费者特殊的知识，以及人生体验和世界各种事物的一般知识重新组合而产生的。

例如，科技新产品海尔洗衣机广告标题：

主题："科技巅峰 洗衣革命"

副题："海尔双动力，全世界第四种洗衣机"

正文："海尔双动力，全世界第四种洗衣机，将波轮洗衣机的高洗净比，滚筒洗衣机的低磨损，搅拌洗衣机的低缠绕的优点集于一身。已申报PCT世界发明专利，是洗衣机更新换代的首选。

特殊的结构：盆形大波轮和不锈钢内桶上特设的搅拌叶；特殊的功能：波轮和内桶双力驱动，双向旋转强劲的沸腾水流。

独特的洗涤效果：防缠绕，磨损低，省水50%，省时50%，洗净比提高50%。"

随文……（半岛都市报2004.2.27）

康柏CONTURA410笔记本电脑广告：

标题："全新CONTURA410表现八面玲珑，助您威风八面"

正文："无论地处何方，如果身边总有八面玲珑，挥洒自如的笔记本电脑相辅佐，必然让你无往不利。而功能完备，表现超群的全新CONTNUA410正是你梦寐以求的工作良伴。

它的人性化机身设计概念，充分体现在其提手、内置轨迹球及键盘等细节上，处处使您感到作为主人的从容洒脱。而其卓越功能，则更显英雄本色。它采用高效能486DX2/50处理器，硬盘容量

汽车·服务 B63

多学几招应对沙尘天

四轮定位 让车节省油耗

华泰 圣达菲

圣达菲2.0L柴油版

两悦齐美

4.0L

有高达250MB及350MB两种选择，还有便于扩展的PCMCIA插槽，满足您不断增加的需求。LOCAIBUS局部总线路图形显示高达4.4百万WINMARKS' 清晰明鉴；更兼有不同显示界面的真彩色（TFT）或伪彩色（STN）选择，倍添工作效率。为配合未来科技发展，CONTURA410特设有升级的功能，并且耗电量降至最低，再加上三年保修服务，如此出众品质，魅力怎能抵挡？（选自《广告文案写作》）”

高科技产品是科学技术的结晶，也是科学知识的展示，它凝聚着人类文明的成果。通讯、家电、生物等产品的更新换代，意味着知识的更新，受众或消费者在接受广告或产品时，也自然地接受新技术、新知识，从某种程度上说广告是一种文化知识传播活动。标题的知识价值，多是通过其诱因导向功能实现的。衣食住行等方面的生活知识，从当地有影响的报纸如《广州日报》、《半岛都市报》上都能看到专题性的广告专刊：如“汽车”、“楼市”、“教育”、“健康”等专刊方面，这类专刊集行业政策性、新闻性、知识性、专业性、广告服务于一体，信息量大面广，详略皆有。读专刊，看标题，受益匪浅，甚至对这个行业，也能获得基本认识。如2010年3月24日《半岛都市报》“车行天下”专刊就有18个版，其信息量比专业杂志还要丰富，这个行业的方方面面应有尽有。

金伯利钻石店广告标题：“购钻石为什么要到专卖店”提出一个生活常识问题。

正文如下：

“一、古人云：专则精，专卖店以单一经营为特色，决定了其商品规模大、品种多、挑选空间大。

二、专卖店以确保质量为经营手段，非常注重品牌信誉，保真，假一赔十。

三、价格适中，高、中、低档次商品齐全，能满足不同层次消费者需求。

四、售后服务完善，无论在哪一个店购物，均可在其他金佰利店享受六保服务。

广告语：终身保险的高品质钻石”（青岛晚报 2000.8.31）。

有些广告标题充满了生活中的哲理，给人以警示。它是一种升华的生活态度、处世方式，对现实生活及受众有极强的导向与启迪。它表现得既通俗又高雅，既亲切又严肃，深入浅出，触手可及，使人获得一种重新审视自我，审视生活，领略文化的感悟。

例如，上海万科城市花园系列广告标题：

引题：“万科城市花园提醒投资者——”

主题：“借鸡生蛋”

引题：“万科城市花园提醒投资者——”

主题：“煮熟的鸡蛋不怕碎”

引题：“万科城市花园告诉你——”

主题：“不要把所有的鸡蛋都放在同一个篮子里”

副题：“购买富有增值潜力的物业，你明智而深远的选择”

（第五届全国优秀广告作品展获奖作品）

上海桑塔纳汽车广告标题：

主题："省钱，就是赚钱"

副题："桑塔纳出租专用车"（青岛日报 1999.8.18）

青岛地产交易会广告标题：

主题："居住改变生活"

副题："中国.青岛房地产展示交易会暨2004名盘推介会"（青岛晚报 2004.2.1）

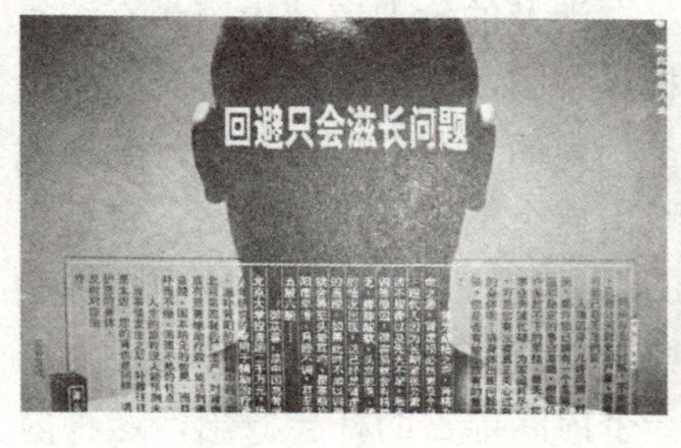

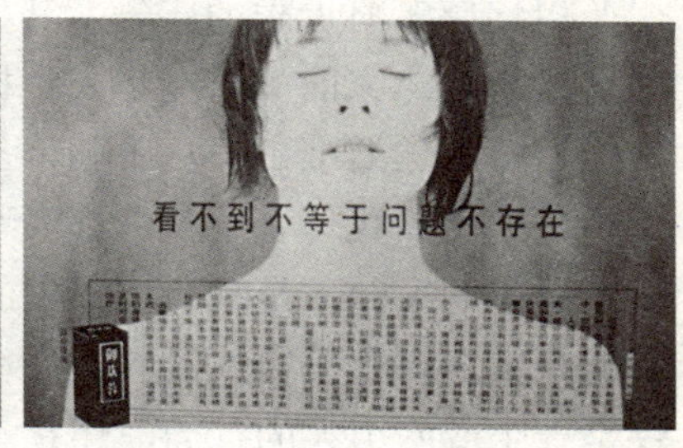

御苁蓉产品广告标题：

"回避只会滋长问题"

"看不到不等于问题不存在"（第五届全国优秀作品展作品）

联通广告标题：

主题："朋友在乎联系"

副题："5.17世界电信日，联通国信寻呼献大礼"（羊城晚报 2000.5.15）

广告是文化传播活动。自然知识与社会知识，科学文化与生活常识，借助现代大众媒介得以更为广泛的传播。标题是知识的载体，也是传教布道者，它承传文明，丰富社会文化生活。正如美国前总统富兰克林·罗斯福所说："如果我能重新生活并任我挑选职业，我想我会进入广告界。若不是由广告来传播高水平的知识，过去半个多世纪各阶层人民现代文明水平的普遍提高是不可能的。"

道德价值

道德价值，即广告标题对受众或消费者的社会道德行为的影响，有维护和整合现代社会秩序作用。广告虽然不是圣经，但在社会人文形式的商业的目的传播中，具有很强的民族文化特点和时代性。人们的取舍标准、消费行为、生活习惯、生活形态、时尚流行、人生态度、价值观念、社会风尚等方面都带有鲜明的地域性。标题在信息传播张扬中，对传统优秀文化、思想观念和时代风尚，具有明显的鼓动性和导向性，为市场经济下的现代社会伦理观摇旗呐喊。

以情感策略诉求的广告，其标题涉及的伦理道德内容带有浓重的民族特色。家的概念在华人中根深蒂固，成家立业是传统文化中人们追捧的生活准则，从唐朝诗圣杜甫的“家书抵万金”，到现代流行乐中的“我想有个家”都表现出这个民族的深层情结。家是生活中温馨的家园，是喧杂世界中的心灵港湾，是物欲横流中精神放飞的天堂，一个正常生活的人被社会公众接受并认可的标志。家不仅是一个或两个人的行为，还是一个内涵丰富的社会概念，这种内涵的丰富性为广告创作提供了空间。

地产广告标题：“不知道世界上有多少条路，我总是很自然地踏上回家的那一条……”（第11届中国国际广告节获奖作品）

孔府家酒电视广告标题语:“孔府家酒,使你想家。”影视演员王姬以海外游子之情来倾诉,很感人。尽管广告深层意韵说的是产品特色让人难忘,但这层表象的文化包装则散发着游人思家的动人情感。

主题:交运山庄

副题:等你回家(青岛交运山庄广告 半岛都市报2004.3.15)

似远山的呼唤,像大地的期盼,更是亲人的等待,“等你回家”,洋溢着春风般撩人的情感,简朴之中涌动着呵护深爱的热流。标题诉求点与卖点融为一体,温情之中求效果,有杀伤力。2009年7月16日上午,百度贴吧魔兽世界吧中,一个题为“贾君鹏,你妈妈喊你回家吃饭”的帖子,引发了共鸣,创造了1000多万的点击率神话。

亲情,是血浓于水的真情挚爱,一种浓缩的真善美,是最容易产生共鸣的情感诉求点。

例如,太太口服液广告标题:“因为有母亲,我们可以笑得更甜更欢”(羊城晚报1993.5.9)

喜乐饮品广告标题“有滋有味的母爱”(解放日报1993.5.13)

知恩图报与有恩不报非君子是传统文化中处世道德观,不仅体现在亲情还辐射到社会生活多方面,衍化为世俗中的人情,于是传统节日,家人团圆、亲情融融之时,商家也不失时机大搞道德习惯消费或人情消费。

例如,海尔药业采力广告标题:

“中秋佳节送采力,送财送礼送健康”(青岛生活导报2000.9.8)

脑白金电视广告标题语:“今年过节不收礼,收礼只收脑白金”

类似的广告标题,在春节、中秋节、母亲节到来之际,翻开一份稍有影响的报纸,随处可见。这种节日消费,本质上是道德价值观指导下的人情活动。

勤俭朴素，精打细算，是民族文化中的持家之道，也是美德。即使在经济发达，生活富裕的国家也被崇尚，下列两则广告标题就是以这种道德行为卖点：

主题：“精打细算好持家”

副题：“美的高效节能空调”（文汇报 1993.5.28）

引题：“海尔防电墙热水器”

主题：“节能专家 为你省钱”（青岛晚报 2004.4.2）

改革开放后多元文化的碰撞交融，使过去的道德价值观具有了鲜明的时代精神。弘扬自我，表现个性，崇尚自由，务实创新，追求卓越，健康、尊贵、利益、舒适、享受、快乐等人本观念，成为社会生活中闪烁的亮点。广告标题信息传播，推波助澜鼓动这种文化价值趋向流行，新的消费观念与生活方式蔚然成风。过去那些难登大雅之堂的语义价值观，现在堂而皇之炫耀于人们的面前，甚至成为社会追捧的时尚。

例如，3源丰胸、护胸产品广告标题：

引题：“挺胸时代”

主题：“一展新风采”（申汇服务导报 2000.5.17）

主题：“挺有道理”

副题：“3源美乳霜”（国际广告 1999.8）

风韵丹保健品广告标题：

引题：“只有漂亮是不够的”

主题：“丰韵才是真的美”（国际广告1999.8）

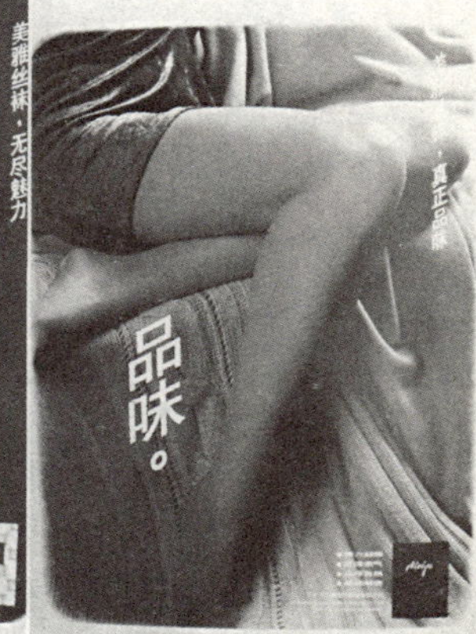

美雅丝系列广告标题语：

“美雅丝袜，翩翩风度”

“美雅丝袜，真正品位”

“美雅丝袜，无限魅力”

“美雅丝袜，绝对个性”　（全国第四届广告作品展优秀作品）

觉醒了的现代都市女性，进入“挺胸时代”，热烈展示女性的品位、个性、魅力。“我就是我”，个性张扬的张惠妹在雪碧新广告中响亮地喊出来；梁咏琪一身很酷的职业女性装扮对着镜头自信地说：“小蓝，我的风采。”这些自立、自强、自尊、自爱的另类新女性形象，完全有别于以往贤妻良母或温婉依人的女性，成为20世纪90年代后期的新时尚。由此形成新的伦理观念，新的生活态度与新的生活方式，影响或建构新的社会生活环境。当步入21世纪，生活由小康奔向富裕，宽容和谐的社会环境，生活文化形式丰富多彩，价值取向多元化，我的青春我做主，以及伊利乳酸奶广告语“我要我的滋味”，已非另类。

上海桑塔纳2000广告，画面是新车照片，文案标题分别是：

“典雅高贵，品位天成”

“气派非凡，领先群伦”

“卓然出众，彰显尊贵” （全国第四届广告作品展获奖作品）

富康汽车广告标题：

主题：“胸怀自由，天地就是你的驾舱”

副题：“富康舒适要素” （中国广告2002.7）

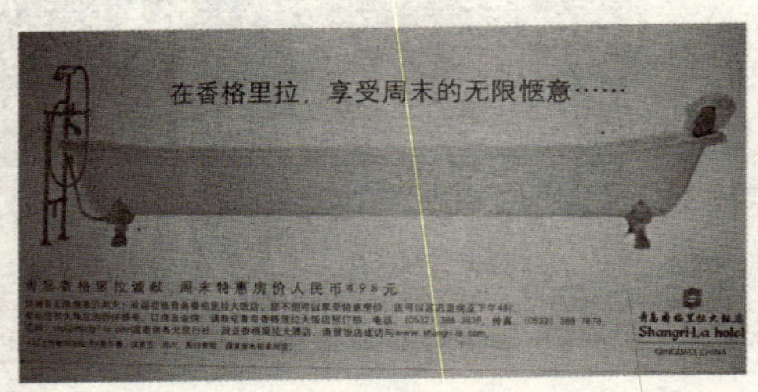

青岛香格里拉大饭店广告，画面是一个特长的立地浴盆，里面躺着一位惬意的浴美人，其文案标题：

主题：“在香格里拉，享受周末的无限惬意……”

副题：“青岛香格里拉诚献，周末特惠房价人民币498元”（青岛晚报2004.3.19）

中国网通小灵通手机广告标题：

“绿色小灵通，创立健康新主张” （青岛晚报2003.12.3）

广告是人类文明进程的简写本，不同时代的社会生活风情与价值观都会留下印痕，以人为本的创造意识，是商品充满人性化服务，满足不同人们日益增长的物质文化生活需求。广告标题在创造欲望与概念，又在满足欲望，诠释概念，新生活，新事物，新人类，创造新的时代。成功、卓越、尊贵、健康、安全、自由、享受等生活理念，正在改写或补充完善传统文化价值观，并成为这个时代的社会生活风尚。

审美价值

审美价值，即广告标题所具有或表现出的社会生活或艺术的美，是人的审美活动中所产生的精神价值。广告标题是信息内容与表现形式的结合，科学与艺术的统一体，而在表达上更加注重标题本身的艺术性和审美价值。其审美价值，不仅体现在它反映了社会现实生活的发展变化，也体现在它创造性的表现形式，在悦目抢眼中传播出有效信息，满足受众审美需求。

现实美。美是人们创造生活，改造世界的能动活动及其在现实中的实现或对象化，它是包含或体现社会生活的本质、规律，能够引起人们特定情感反映的具体形象，广告标题信息内容的现实美，体现了历史发展中人的社会实践活动和社会生活的创造美，人类文明进程中人的自我完善，以及时代风尚与优秀文化的承传。

社会生活的本质是实践的，丰富多彩，蓬勃向上，按美的规律去营造。在改造自然与社会实践中，表现出合目的性与和规律性统一的能动创造性。美是适宜的、有目的的、有益的，它存在于各种具体的审美对象中，具有丰富的多样的生动的形态，商品社会，物的审美价值蕴含在使用价值中，或者是使用价值的意象化。广告及标题是人类文明发展的产物，也是社会生活创造力与美的展示舞台，同时也是创造者“眼中之竹”、“胸中之竹”、“手中之竹”的情感再现，自然带有鲜明的民族性或时代感的审美观念与意识。

例如，中国南方航空空中之家系列形象广告标题，主题都是“心飞白云深处，爱在天上人间”；

青岛荣昌置业集团“千禧龙花园”广告标题：

引题：“当人与自然与建筑与科技相遇并融合”

主题：“一种和谐的生活，从此开始……”（半岛都市报 2004.4.22）

这两则广告标题表现出一种天人合一的民族审美观念，以此来打动消费者的心灵。

创造是人的生活发展需要，科学技术，既是人类劳动智慧的结晶，又是创造与改变现实生活的有力手段，创新就是生活的观念，体现了这个时代人的审美价值观。

例如，海尔吸尘器广告标题：

主题：“超级吸引力”

副题：“海尔超大吸力吸尘器，创造至洁至美新空间”（半岛都市报 2004.4.2）

海尔洗衣机广告标题：

主题“高亦可攀”

副题：“海尔双动力全世界第4种洗衣机”（半岛都市报 2004.3.26）

1911 年，美国人发明“搅拌式”洗衣机；1928 年，欧洲人发明“滚筒式”洗衣机；1953年，日本三洋发明“波轮式”洗衣机；2002年，中国海尔创新推出世界第 4 种洗衣机——双动力洗衣机。这款洗衣机成功整合了波轮、搅拌机、滚筒机的优点，达到标准要求的洗涤效果只需 15 分钟，具有省水、省电、省时，不用洗衣粉等环保优点。“高亦可攀”，表现了人类自强不息的创新进取精神，以及生命的意义与价值。

创造不仅是指发明和创造出一些新的玩意儿，实际上人类的任何一次感觉和发现都是在创造。

例如，长安福特广告标题：

主题：“驾驶的激情，你也来感觉！”

副题：“提速快，有劲！油门轻轻一点就冲出去了，过瘾。”（青岛晚报 2004.4.23）

奔驰汽车广告标题：

引题：“全新豪华型 S 级轿车”

主题：“创造未来，是预知未来的最可靠途径”（青岛晚报 2004.3.2）

青岛华宇大厦广告标题：

引题：“华宇大厦——市南区高尚公寓”

主题：“居高者，视野更高远”（半岛都市报 2003.11.6）

体验、感觉、领悟、发现，似乎把那遮掩知性的帷幕突然拉开，真理闪现了。人的精神生活，如同社会生活一样在不断地满足与超越，没有永恒的生活模式。人类总是不甘陈旧，不断创新和不断实践，创造比眼下的生活更加美满的生活。如广告标题：“不在乎经典 只欣赏超越”。

全新福特蒙迪欧上市系列广告及标题，有一种，君临天下或英雄纵横的气度，展示的是一种令世界动容的光芒，一种崇高的美。每一则广告半版，画面点面结合，大气尊贵。例如：

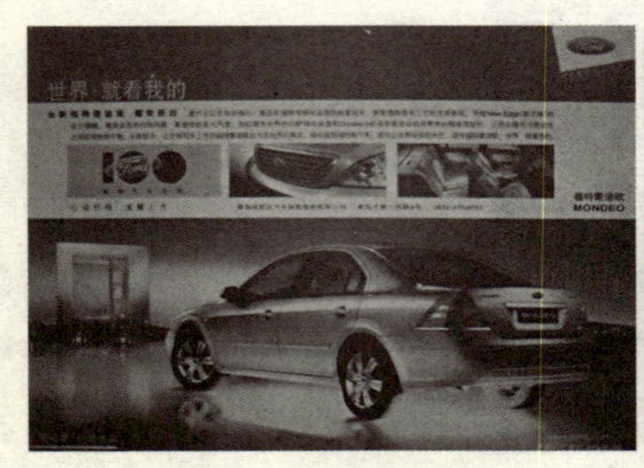

主题："世界，看谁的？"

副题："3月15日就知道"　　（半岛都市报2004.3.8）

主题："世界，就看我的"

副题："全新福特蒙迪欧，耀世而出"（半岛都市报2004.3.22）

主题："世界，看我怎么走"

副题："全新福特蒙迪欧，耀世而行"（半岛都市报2004.3.15）

主题："世界，看我耀世之美"

副题："百年经典，全新福特蒙迪欧"（青岛晚报2004.3.25）

主题："世界，随我自在"

副题："百年经典，全新福特蒙迪欧"（青岛晚报2004.4.5）

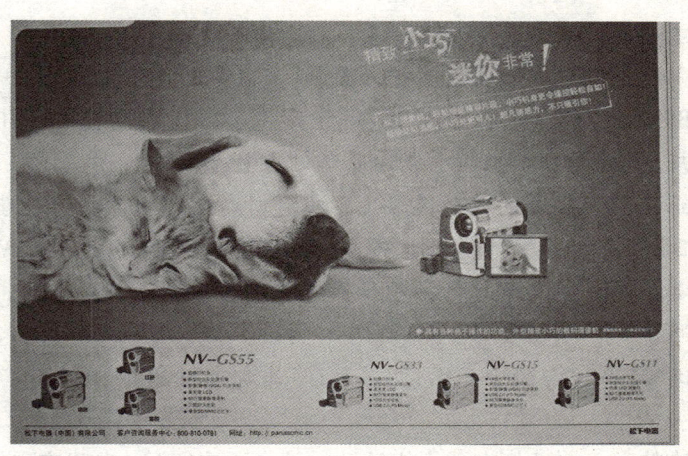

松下摄像机广告，向受众呈现的是一种小巧之美。

标题："精致小巧，迷你非常！"画面是宠物小猫与小狗偎依而睡，对着摄像机镜头。

正文："松下摄像机，轻松捕捉精彩片段，小巧机身更令操作轻松自如、精致处见品质，小巧处更可人！超凡诱惑力，不只吸引你！……"

它的数码相机广告标题:“小巧可人,精彩加倍!”(青岛晚报 2004.4.16)

表现同一生活中的审美需求,小巧之美,尽管它是一种感觉或产品使用价值意象化体验,毕竟是生活中一种美的形态。

人的自身发展与完善是社会文明的尺度,也是社会生活的终极目的。人是审美的主题也是审美的创造者;人的自我发展,借助现代传媒得到充足的恣意张扬。人的健康、安全、亲情、自我、尊严等不同层次发展需求,在广告标题中得到热烈的反映:食品医药广告诉求健康,汽车广告诉求安全,别墅公寓诉求尊贵,这在广告中常见。

例如,一汽轿车广告标题:

主题:“安其身 达天下”

副题:“双安全气囊,护卫更强” (半岛都市报 2004.4.19)

BMW3 系汽车广告诉求的是自我超越。广告画面是春天中的汽车照片, 标题:“谁能承载你登峰的力量?”

正文:“执著的成功道路上,唯有时时超越自我,方能傲立顶峰。正如你的座驾,持续加速中,更彰显无限潜力。这就是 BMW3 系,将华贵、高科技与卓越的操控性能完美融合,从不甘居人后,因你倡领同侪。

BMW3 系,与新生代同行。”(半岛都市报 2004.4.23)

……

物的审美属性打上了人们活动的社会历史印记。自我实现的人,是在那种其基本需要得到满足的情况下,被更高的超越需要所驱动的人。是人的自我发展与完善的过程,一种完美的追求。广告是社会生活的风向标,广告标题针对性的需求表现,对社会风尚的形成与流行,有极强的推动与引导性,甚至成为受众或消费者审美选择。如减肥产品广告,报纸、电视等影响大的大众媒体各种减肥产品轮番亮相,以身材苗条为美的倡导,刮起社会减肥瘦身风。

如大印象减肥茶的广告标题："袅袅茶香飘，婷婷玉人来"（青岛广播电视报 1995.46）。

健康、舒适、享受、快乐的人本生活理念，大行其道，被人追捧，固然与人的自身发展追求相关，但社会大众媒体广告及标题语的大肆宣传和呼吁，无疑又成为受众生活中有力影响者。

2003 年春季，一场意外的"非典"袭击，使人类的健康面临严峻挑战，在征服病毒取得阶段性胜利时，人们对自身健康问题的关注，成为社会生活中的热点。广告标题高举"健康"大旗，摇旗呐喊，形成社会上健康普及风潮。

例如，海尔冰箱广告标题：

引题："海尔用心打造"

主题："健康冰箱"　　（半岛都市报 2003.6.7）

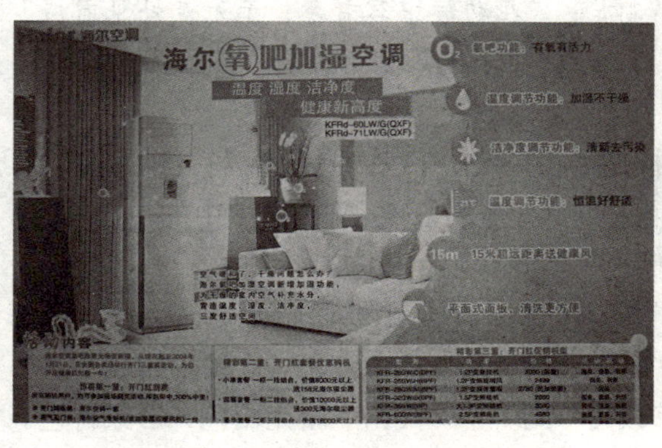

海尔空调广告标题：

主题："海尔氧吧加湿空调"

副题："温度、湿度、洁净度、健康新高度"（半岛都市报 2003.12.5）；

青岛山海溪园房产广告标题：

引题："原生态山海景观，全心构造健康之城"

主题："山海溪园"　　（青岛晚报 2003.9.29）；

中国网通小灵通手机广告标题："健康陪伴，快乐一生"（青岛早报 2003.6.1）

艺术美。广告标题的艺术美，即语言艺术形象美，它是创造者经过艺术创造活动，把现实生活中的自然美加以概括和提炼，集中地表现在作品中的美，也是一种表现形式的美。艺术语言，一方面要有语调语气方面的起伏变化，有押韵、有气势、有节奏；另一方面要用语言修辞手段去唤起一种意象。意象不是抽象的，而是十分具体地呈现出内容生命之活动、情感或思想活动的式样，像哲理性、形象性、情趣性等艺术语言形式，使标题体现出美感。

我国古典诗词、名篇，或社会生活中有些脍炙人口的名言佳句，因其精辟生动，富有生活哲理而千古流传。它们表现了我国现代汉语最熟练和最精确的用法，寓意丰厚，有很强的生命力与艺术感染力，灵活巧妙地创造性运用，会生发出特有的含意，显示出不同凡响的效果。

例如，日本丰田广告标题：“车到山前必有路，有路便有丰田车”。前句是名言，后句改编创造别有新意。

别克君威汽车广告标题：“在动静中容智慧，于无声处见君威”（青岛晚报2004.2.17）。诗句“于无声处听惊雷”，留头改尾，翻新再造。

现代汽车广告标题：“后天下之乐而乐”（青岛晚报2004.5.11）。直接引用宋代范仲淹名著《岳阳楼记》中的名句：“先天下之忧而忧，后天下之乐而乐。”

青岛湖光山色地产广告标题：“湖光潋滟晴方好，山色空濛雨亦奇”（青岛晚报2004.4.28），直接引用苏东坡《饮湖上初晴后雨》诗句把其中的“水”字改为“湖”字，突出“湖光山色”形象特色。

形象美。艺术离不开形象，广告标题的艺术美实质就是语言艺术形象的美。形象源于现实生活，具有现实生活的生动性和丰富性，又有不同于现实生活，是创作者情感的意象化，它把产品或服务销售主张，裹在生动、具体、可感的艺术语言中，成为投向受众，或消费者的糖衣炮弹，赋、比、兴是其常用的修辞形式。

大众汽车公司做过一个著名的广告，一辆汽车在崎岖的山坡上行驶，广告标题是：“山羊”。

宝马汽车广告，画面是车前脸特写，两个指头揭起一点车盖上的油漆皮，标题："百分之百肌肉，无脂肪！"（国际广告2004.4）

这两则汽车广告标题，以生动形象的语言，表达了各自的特点，前者越野性能如山羊般，没有上不去的山；后者硬实强健的造型特色像人的肌肉，结结实实。

想象意境，想象是指在知觉材料的基础上，经过新的综合而创造出新形象的心理过程，产品或服务只是客观存在物，而想象却赋予它们以生命。自然好比是一块未经冶炼的矿石，而心灵却是一座熔炉，在内在情感燃起的炉火中，矿石溶解，又重新组合，最终成为一种崭新的形象在眼前闪现出来。

如绿巨人罐装豌豆广告标题："月光下的收获"（李奥·贝纳）

椰树牌椰汁电视广告标题："白白嫩嫩，曲线动人"

茅台酒软广告标题："空杯尚留满室香——访贵州省茅台酒厂"（北京日报1986.9.19）

比拟，能使广告标题产生生动亲切的形象，它既可以赋予产品以人的生命和思想感情，使之人格化，又可以用物的特性来表现人的特性。有助于产品或商品写得生动鲜活，亲切动人，引发联想和想象，抒发强烈的感情。

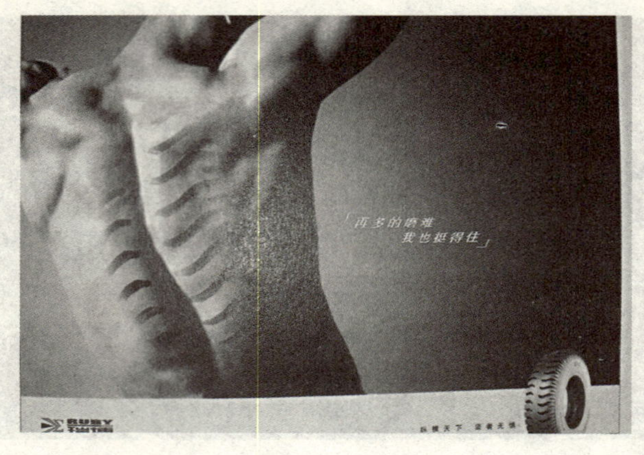

例如， 瑞博轮胎男人系列广告标题：

“再多的磨难，我也挺得住。”

“再深的刺痛， 我也化得开。”

“再大的压力，我也扛得起。” （国际广告 2004.3）

把轮胎赋予男人品格，并展示出一个顶天立地，坚强无惧，勇往直前的男子汉形象，使产品有血有肉，生动可感。

商务通全中文掌上手写电脑，曾采用拟人手法创作出一则报纸广告，画面是濮存昕笑容满面手持商务通，轻松自如坐在老板椅上。文案生动具体，庄重而俏皮。摘录如下：

好秘书 这里找

尊敬的先生小姐（我未来的老板）：您好！

我自荐为您的贴身秘书！

作为公司的中流砥柱，您每天的工作一定非常繁忙，肯定也很有成就，但是否也感到有点累，您肯定更向往井井有条，轻轻松松的工作氛围；更渴望寻求资料信手拈来，信息一点就到的工作方式，要想运筹帷幄，决战千里，一切尽在掌握，那就需要一个聪明能干，一切都为您打理清楚，并且可以24小时贴身服务的秘书。我完全可以胜任，并且不要工资，不会罢工，随时工作，守口如瓶，没有情绪，绝对环保，更是送给朋友的上佳礼品。一定给您带来意外惊喜。

请您仔细审查我的履历，如果中意，我可以立即上门面试。.

履历表

姓名：商务通

性别：无（保证您的太太或先生都会放心满意）

年龄：妙龄

籍贯：北京

职业：贴身秘书

住址：青岛信治电子有限公司

特长：记录特快 脑袋特灵 绝对保密 随时提醒

爱好：好砍价，随身带着打折卡，好学习，不断升级自已，不断补充新东西

联系电话：2722447　2021071

非常感谢您，欢迎您随时以任何方式和我联系，祝您生活更轻松！

商务通

“秘书”作为专用名词，使科技产品商务通更加人性化，以第一人称书信自荐的形式，显得生动活泼，有灵性。如果文案中对商务通的功能特长，以更加详细的科技数据进一步说明，文案就更加完美了。

以形传神，以诗化的语言逼真形象地状物写景，绘声绘色，诗情画意表现出文字语言的视觉美。

例如，中秋来临之际，胡姬花牌花生油广告标题：

“月满花香”（青岛日报 2000.9.5）

樱之御园广告标题：

主题：“相约樱花绽放时，共赏人间四月天”（节）

副题：“青岛东部海滨风景区国际社区”（青岛晚报 2004.4.21）

匀称、和谐的语言，本身就是一种形式美。

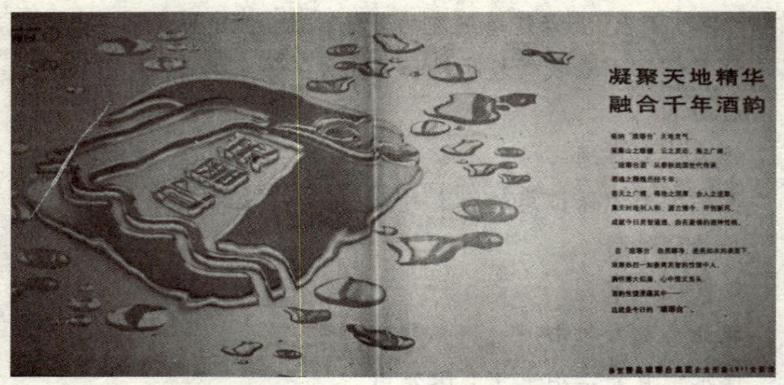

例如，青岛开发区珠峰园广告标题：“近享小珠山的奇峰美景，细品唐岛湾之柔情海风。”（半岛都市报 2004.3.4）

青岛琅琊台酒广告标题：“凝聚天地精华，融合千年润韵”（青岛日报 2001.8.27）

崂池云峰茶广告标题：“神蕴山海崂池水，天赐人间云峰茶”（半岛都市报 2004.4.14）

审美情趣。情趣是广告标题艺术美的特色之一，也是审美对象的重要组成部分。标题中的艺术情趣，是社会生活情趣的反映，是广告创作中的理与趣的结合。

谐音成趣。如菲林格尔地板广告标题：

主题：“好色，不只是男人专利”

副题：“91 种时尚色彩，满足与众不同的你”（半岛新生活 2004.2）

幽默诙谐，是广告创造中颇受众欢迎的表现手法，是智慧和灵感在语言运用中的结晶。它的特点是将事物用滑稽、逗笑的形式作诙谐而含蓄地表达，在心旷神怡的艺术享受中，产生征服人心的力量。

如《书》广告标题语：“良心建议，走一趟英国，比买一堆英语书受用”（国际广告 2002.7）

衍化仿拟，新奇别致。如肯德基广告标题：“羊能克隆，肯德基也能克隆？”（青岛晚报 1999.7.28）青岛某店仿造肯德基的“香辣鸡翅”，并影响其声誉，于是出现这讽刺性的广告标题。克隆羊，衍化为克隆肯德基，前者是科学，后者是妄想。

词义别解。在特定的语言环境中，某些词语本来是这一意义，但也可以作另一种理解，丰富想象，引人入胜。

如痘痕灵化妆品广告标题：

主题：“有‘脸’见人”

副题：“痘痕灵与痘痘说拜拜” （半岛都市报 2004.3.14）

脸，本指人的面容，这里特指社会上的“脸面”；“拜拜”本是人与人的用语，这儿被拟人了。

反常成趣。突破习惯思维定势和传统文化价值认同，一反常态，新奇致趣。

如中晶科技广告标题：

主题：“这个世界变化太快，为什么这鸡居然不怕我？”

副题：“缔造真实的完美，中晶扫描专家。”（国际广告 2004.4）

扫描出来的狗与鸡，逼真到真假难分，连灵敏的狗都产生错觉说明扫描器卓越的科技性能。

三、广告标题与广告标语

标题与标语是广告文案中的重要组成部分，它们在文案的上下或前后各司其职，互衬相映，完成广告目的，并形成有别于其他文体的鲜明特色。两者有相似点，有共性，但本质及形式的不同，两者有不可混淆的独特性。

1. 广告标语

标语，本是一种战时鼓动性语言，如“打土豪，分田地”，“抗美援朝，保家卫国”等。后来广泛运用到政治、宗教、艺术、商业及各种群众运动中。标语反复使用，给人以强烈的印象，成为鼓动民众行动的力量。

广告标语，又称广告口号，是为了加强受众对企业、商品或服务的印象，在广告中长期反复使用的简明扼要的口号性语句，它基于长期利益向消费者传达一种长期不变的观念。其功能是加强信息印象，加深受众记忆，传达一种观念，影响社会时尚文化。

2. 广告标题与广告标语的区别

（1）两者的职能和作用不同，广告标语基于长期的利益是向消费者传达关于企业、品牌、商品或服务的长期不变的观念，是受众对信息产生长期的深刻印象，信息单一，重复无新意；广告标题是突出内容主题的文案题目，引导受众注意广告和阅读广告文案正文，产生即时作用，每则广告标题本身就是有效的信息传播手段，一般不重复。但广告标题必须与本文连接，而广告标语是单独存在的，本身可用作接近目标的手段。一句广告标语能使一个品牌脍炙人口，但并不一定能打开别人的钱包；最直接的效益产生是广告标题，而非广告标语。报刊广告的存在，不是因为标语，而是因为广告标题。

（2）使用的时限范围不同。广告标语适用于长期广告活动反复持续使用，任何媒介，任何形式的广告宣传都能用，变化小，没有时空限制，一般从一而终；广告标题一文一题，只在广告作品中使用，题目与正文融为一体，一般不重复，喜新厌旧可变性强。

（3）表现形式与位置不同。广告标语在广告文案中的位置没有限制，可在任何位置出现，一般在上下或左右的边角，或正文之后；广告标题在广告文案中的位置通常有一定的限制，一般在文案的最前面，字号大于广告标语，位置要比广告标语显赫醒目。语言风格上，广告标语口语化易记忆，广告标题多为书面性语言。

广告标题与广告标语不可替代从现实广告例证中更能明确感受到这一点。

例如，早期“双十牌”刷子报纸广告文案：

标题：“万刷具备　一毛不拔”

正文：双十牌驰名各刷，计有帽刷、头刷、油刷、眉刷、牙刷、梳刷、衣刷、指甲刷、鞋刷、梳妆刷等。样式新颖，一毛不拔。各百货商店，均有发售。

广告标语：从头刷到脚

随文：梁新记牙刷公司出品

美国广告大师威廉·伯恩巴克为奥尔巴克百货公司创造的广告文案：

主题：慷慨的旧货换新

副题：带来你的太太　只要几块钱……我们将给你一位新夫人

正文：为什么你硬是欺骗自己，认为你买不起最新的最好的东西？在奥尔巴克百货公司，你不必为买美丽的东西而付高价。有无数种衣物供你选择——一切全新，一切使你兴奋。

现在就把你的太太带给我们，我们会把她换成可爱的新女人——仅只花几块钱而已。这将是你有生以来最轻松愉快的付款。

奥尔巴克　纽约·纽渥克·洛杉矶

口号：做千百万的生意，赚几分钱的利润

伯恩巴克为这个公司服务 17 年，广告标语始终没变，而每则广告文案的标题不同。

敦豪国际快件公司曾在《日本经济新闻》上做过一组系列广告，广告标语："我们是全球商业快递"先后出现在五六次广告中。

（标题）明智的选择，世界一流企业都使用 DHL（敦豪国际快件公司简称）运送小型邮件

我们是全球商业快递

（标题）国际商业小件货运，DHL 的服务不仅在于"快"

我们是全球商业快递

（标题）从接货到交货，DHL 的商业小件物品始终不离 DHL 之手

我们是全球商业快递

（标题）我们的小件货物运往世界170个国家，哪里有国际商业，哪里就有 DHL

我们是全球商业快递

（标题）从办公桌到办公桌走向世界 5 万个城市

DHL 的商业小件为您提供各种方便

我们是全球商业快递

飞利浦的产品从灯泡到彩电，从熨斗到手机，无所不包，每则广告文案都以不同的广告内容与诉求而确定广告主题。而"让我们做得更好"这句飞利浦公司全球推行的广告口号，不仅伴随着该公司任何广告活动的始终，甚至已经超越公司和产品，成为一条人生

的准则。

同样，海尔集团作为世界级的中国唯一家电企业，是世界大品牌之一。海尔产品包括58大门类9200多个品种，其冰箱、空调、冷柜、洗衣机、热水器、电脑、彩电、手机等产品驰名中外，海尔形象广告语“真诚到永远”，以特定的字体作为一种识别标志，出现在各种产品广告宣传中，成为企业品牌的代名词，但作为不同产品或活动促销广告宣传，广告标题则具有鲜明的特指专用性。报刊广告展示的尤为明显。

3. 广告标题与广告标语的共同点

两者在同一文案中都为广告目的服务，都有引人注目、直接促销功能，一个从大处着眼，一个从小处做起，其创造要求基本相同，都是简明精练的妙语金句。因此，有广告标题转化为广告标语，或广告标语转化为广告标题用，两者合二为一的现象。如“人头马一开，好事自然来”，原是香港名作家黄霑为人头马干邑白兰地创造的广告标题，是从其创作的上百句中被看中的一句。这句话在内地广为流传，演化为广告标语。

成都恩威公司洁尔阴药品广告标题：

引题：“妇科杂症、性器官疾病、皮肤病、瘙痒症良药”

主题：“洁尔阴洗液”

副题：“难言之隐，一洗了之”　（青岛广播电视报1991.38）

后来，“难言之隐，一洗了之”成为流行广告语。

钙尔奇D广告标题：

主题：“钙尔奇D”

副题：“健康骨骼支持你”

广告标语：“健康骨骼支持你”　（国际广告2002.12）

这个广告标语在系列广告中连续出现，但每则广告标题不一样。

“心静、思远、志在千里”，这是别克汽车的广告标语。《南方周末》2004年3月18日刊出别克汽车形象广告，竖排，画面是白雪覆盖的山峰，文案如下：

标题：“心静 思远 志在千里”

正文：“登顶的那一刻，眼前群山起伏，心里却平静如水，

成功，只是一个句号

正如您沉稳而又不失激情，成功而不忘超越，

别克，也在不断赋予成功以新的内涵，

从单一轿车品牌，

跃升为汇聚君威、凯越、别克陆上公务舱，赛欧等子品牌的别克母品牌，

与您一起，开辟一个又一个里程碑，

从容驶向更高一级的目标。”

广告标语排在右上角的别克汽车标志下。

在广告文案创造中，用标语作广告标题的极少，除非广告标语能与正文主题内容融为一体，构成文案，像这则别克汽车广告那样。

有些广告标题，为强化同一主题，从不同角度有连续重复使用的情况，如南航“空中之家”形象系列广告：

主题：心飞白云深处，爱在天上人间

副题：——静途、舒适的旅程伴您一路 （画面：蓝天白云中恬静安睡的女性）

主题：心飞白云深处，爱在天上人间

副题：——飞翔的感觉，如此轻松自如（画面，蓝天白云中荡秋千的女孩）

主题：心飞白云深处，爱在天上人间

副题：——自由工作，自在飞翔 （画面，蓝天白云中使用手提电脑的女性）

主题：心飞白云深处，爱在天上人间

副题：——让快乐遨游天地之间　（画面，蓝天白云间坐着游泳圈玩的儿童）

主题：心飞白云深处，爱在天上人间

副题：——让祝福荡漾天地之间　（画面，蓝天白云间母女、蛋糕）

……（国际广告 2004.4）

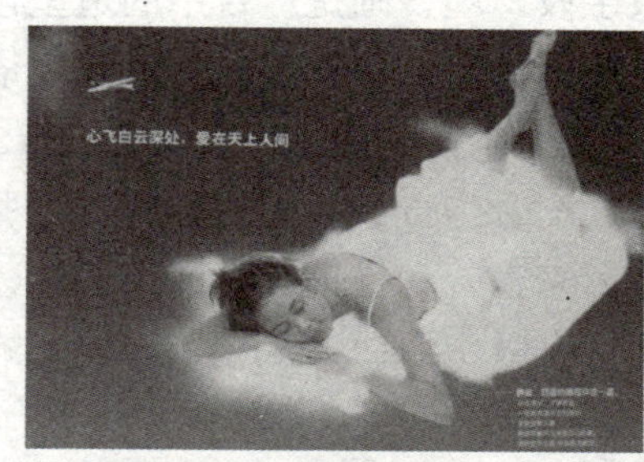

四、广告标题与广告画

1. 广告画

广告画是广告的插图，包括广告中的绘画与照片，是广告表现的重要形式和增强广告效果的有效手段。广告画是广告中的造型艺术，以艺术加工了的视觉形象去表现广告，如果说广告文案是用语言文字来表达广告，那么广告插图就是以“图画语言”来表现广告。其特点：依附性，为表现广告主题，配合广告文案，加强广告说服力和艺术感染力而创作；实用性，用来宣传和推销商品或劳务的，给受众创立信息形象，插图具体而富有吸引力；大众化，表现形式或风格要大众化、通俗化、艺术化。

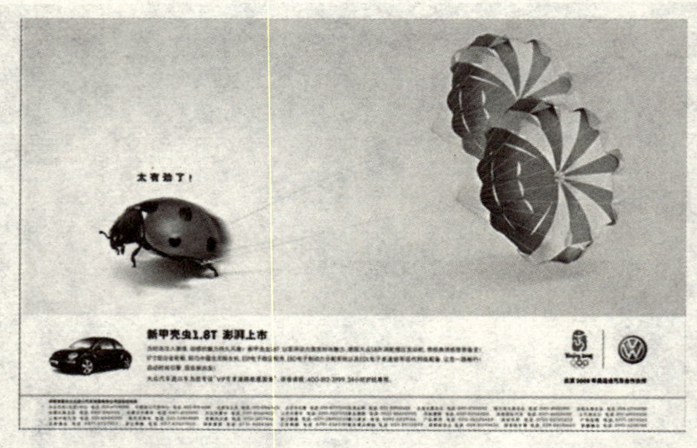

广告画的功能。据美国一项资料证明，在表达上“图比文字强85%”，说明插图比语言文字在视觉表达上更具卓越的力量。我国台湾樊志育教授在其所著的《最新实用广告》一书中，曾将广告画具体为八大功能：

使广告接受者之注意力趋向广告。

使关心广告的消息。

向广告接受提示广告信息重点。

提高对广告商品之欲望。

使具体明了广告商品之特征及魅力。

使广告商品与某种人或某一阶层相关联。

使对广告标题、本文等引起注目及促使阅读力量。

能在刹那间抓住预期顾客，须有解除广告接受者烦恼之插图表现，强力吸引广告接受者注目的力量。

2. 广告标题与广告画

广告标题与广告插图是广告的重要构成部分，一个是强力的文字语言，一个是形象“图画语言”，都会引起受众产生瞬间的注意力，同为主题服务。报纸广告的创意及表现极少是纯粹的图片或文案，它们大多是图文一体。图题配合可以完成广告表现及广告目的，两者的关系特别重要，紧密组合，相互衬托。瓦尔特·玄纳特著作《广告奏效的奥秘》中指出：“有两个众所周知的传播规则，文字和图片之间的张力，但不能互相矛盾。

规则一：表现你说的东西，说你表现的东西；

规则二：不要重复图片已表现的东西，不要表现文字已说出的东西！”

从广告创意设计或现实广告报刊作品看，具体有三种关系，即标题为主，图片为辅；标题与插图互为依存交融生辉；插图为主，标题为辅。

以题文为主　插图配合说明

广告创意表现主要以文案为主，绘画或照片配合说明；标题即广告主题或诉求点，插图为辅，增强视觉识别和感染力。这在报刊广告中常见。

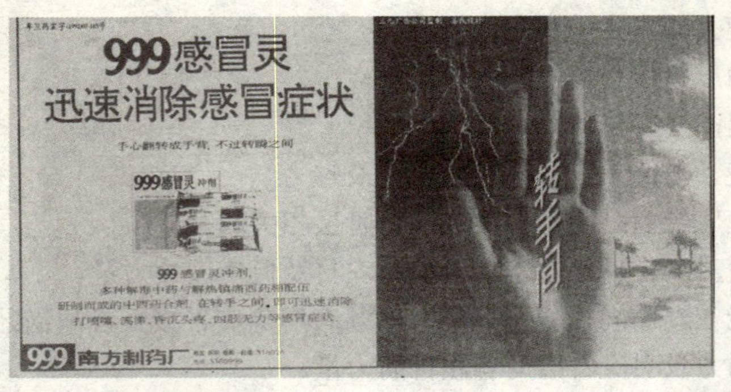

例如，　南方制药厂广告（青岛广播电视报 1994.7～8）

主题：　“999 感冒灵迅速消除感冒症状”

副题：　“手心翻转成手背，不过转瞬之间”

画面突出标题诉求点，转手之间消除感冒症状，见效快。

钙尔奇 D 广告（国际广告 2002.12）

标题：“只要骨骼健康，你就能腿脚灵便轻如燕”

画面，轻松自如伸腿骑自行车的中年女性。渲染表现标题内容，衬托主题。

图题并重　优势互补

从不同的角度表现同一个广告主题或销售主张，强力有效的文字语言，视觉形象的图画语言，珠联璧合，相映生辉。失去任何一方便会失色与乏力，甚至不完整。图题结合，合二为一，张力爆发，广告从里到外光芒四射。

例如，菲亚特PUNTO广告（国际广告2002.12）

标题：“假如你的儿子像野兽一样驾驶，就把他放进这个笼子里。”

画面，汽车内部坚固的钢筋铁骨框架，像个严实的铁笼。它的安全感和防撞击的能力直观上不言而喻，广告标题从保护儿子的角度来选择，即使野兽般的驾驶，也会无忧。该车防撞击安全性能，令人放心。

（千金药业广告 第13届中国广告节获奖作品）

插图为主　标题为辅

有些广告，以插图为主，即广告主题、创意及表现形式以画面表现为主，离开插图，标题便失去依托或苍白乏力。

有人称21世纪的报纸将是“读图时代”，即报纸为适应社会的变化，改变以文字为主、图片为辅的模式，图片将在当今的报纸版面中占主导地位。读者读报习惯也将由以前的读字为主，改为读图为主。在注意力经济理论的影响下，插图已成为争夺受众注意力或读者“眼球”的有效利器。现代广告创造更多的是以语言以

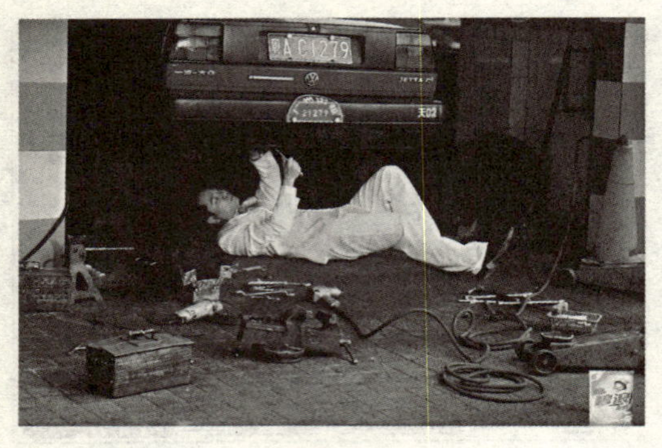

外的方法，把创意具体图式化了。插图视觉形象性强的优势，及蕴含的丰富语义，成为一些报刊广告的主题，或卖点表现的主要形式，而标题则处在从属地位，或者没有标题只是一句提示语（或品牌）。

例如， 碧浪牌洗衣粉广告（青岛广播电视报 2004 年 .18）

画面中，躺在轿车尾部底下的维修人员，不是蓬头污面，油垢满身，而是衣着雪白的西装，像大夫在专心致志的“治病”，洁白的西服，在藏垢纳污之地显得尤为耀眼。整个广告，只有左下角产品照片中的“碧浪”两个字。其强效去污、洗衣干净的功效，完全靠画面语言表达完成。

肯德基《机修工人篇》广告（国际广告 2004.4），不著一字，尽显意蕴。

画面中，机修工人坐在桌边，餐后小憩，眼前放着肯德基标志的包装盒，一只油渍乌黑的手，放在桌子一角，只有拇指、中指、食指像被舔过，露出手指皮色，使人联想到吃肯德基时，津津有味的“吮指”情景，美味诱惑挡不住，来不及洗手就吃了。

第二章　广告标题致效要素

优秀的广告标题，必须有其超越平庸的品质，从广告效果角度，成功的广告文案或标题，都有着某些致效要素，诸如新闻性、独特性、震撼性、视觉感、人情化、幽默感等方面的鲜明特征。它们像镶嵌于其中的颗颗宝石，耀眼生辉，是广告标题具有足以打动受众、或消费者心灵的力量与价值。

当然，广告为利而生，又是为利而战的商界“斗士”，利字当头是广告标题制胜的第一要素。最有力量，最有效果，是广告创作的出发点和归宿，是诸要素的基础。广告标题中利益承诺，即对消费者的好处承诺。一方面是消费者现实生活或生产的物质需求，须提供具有实用性、物质价值信息，解决他们生存或生活中的实际问题，成为消费的理由。另一方面是消费者精神层面的满足，广告标题要适应他们的生活习惯、文化认同，符合其价值观与审美意识，成为他们消费的诱因。在此前提下，它们才引发了消费欲望和激情，成为广告标题创造中魅力无限的亮点。

广告标题 6 个方面的要素，各具天性特色，但并非麻袋里的土豆彼此孤立，而是相互有着内在关联，甚至是一个整体，像一块钻石，有数个平面，每个平面都很耀眼。就一个广告标题而言，构成其要素的侧重点不一样，或轻或重，或主或次，以广告主题而定，为阐述方便，分别论之。

一、新闻性

几乎所有的人都一样，都希望生活里不断有些新鲜事。今天不是昨天的重复，明天不是今日的翻版。创作有新闻要素的广告标题，满足人们求新欲望，知晓、认识、获利需要，是一个优秀文案人员所追求的，也是最具广告力量与实际效果的。尤其是那种新闻价值含量高的广告标题，足可以掀起市场波澜，引发一场消费浪潮。

新闻是为广大受众所关心的新近发生的事实的信息传递，实际上广告是通过一定媒介有偿有责任的信息传播，新闻性是其自身与生俱来的，是大众新闻媒介的有机组成部分。一份报纸从内容或形式上，除了以社会利益为目的的一般新闻，就是以经济利益为目的广告或新闻。广告是新闻的一种类型，它与媒介同生共长。在经济市场化的现代，一个新产品的开发上市，不断出现的科技成果转化，服务意识的变化，消费观念的流行，生活方式的革命等，都得力于广告的有效传播。

新闻要素有着化腐朽为神奇的力量，以至于产品或服务本身不具备某种与生俱来的新闻性时，任何一个广告人都会想尽办法来制造新闻。

一个有效的广告新闻标题，它必须具备新意、重大、及时、亲近、趣味等新闻价值要素，广告效果的大小与新闻标题价值多少成正比。这里要论述的主要是新闻标题中的新鲜性，及相关联的亲近与及时要素。这一切必须建立在消费者的利益上与社会层面上。

新闻标题的新鲜性，是广告新闻标题的主要特征。产品的更新换代，科技成果的市场化，服务方式的创新推出，营销策略的创意实施，消费市场的流行色，社会热点商家跟进借势……千姿百态变化不断的生活本色为广告创作提供了丰富而鲜活的资讯，而对新鲜感的追求是人的共性，喜新厌旧的意识行为更体现在消费上。促销类广告，其绝大部分标题都有新鲜特点，给人新的信息和利益，力争在繁杂的广告信息中脱颖而出，赢得消费者青睐。

新鲜感除时间新外，主要是内容新，即广告产品或服务所涉及的事实内容本身的新颖；或者事实所蕴含的思想内容新；或营销中制造的新闻。

1. 事实内容本身的新颖

知识经济时代就是创新时代。在经济活动中引入新的技术、新的思想、新的方法，以实现生产力方式的新组合，在已有成果的基础上进行新的应用，做出新的发现，提出新的见解，开拓新的领域，创造出新的生活。这是广告创造的源泉。商品所选用的原料、制作工艺、特点、功能、服务、价格等方面具有新颖特色，或商品营销中创造的新举措。一般新产品要打进市场需要具备3个基本条件：第一，新产品的品质，确有独特的功效；第二，新产品的销售，确有可靠的方法和路线；第三，广告的诉求内容，确能表现出新产品与众不同的特性。

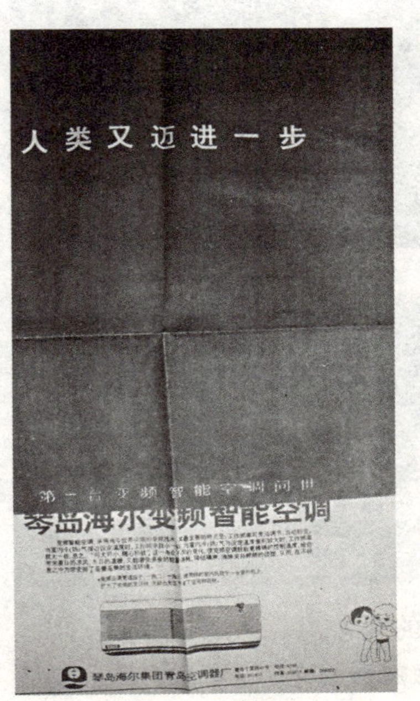

新产品上市开发期的广告，往往都亮出与众不同的新颖之处，以此扩张为市场优势卖点。

例如，海尔空调广告标题：

引题：“第一台变频智能空调问世”

主题：“青岛海尔变频智能空调”（文汇报1993.6.26）

采用世界尖端技术，工作频率灵活调节，自动转变，冷热可大可小，随心所欲。降低能量消耗噪音，进入至善至美的生活环境，这是人类历史上的一次进步。

海尔冰箱广告标题：

主题：“海尔赢得环保节能‘诺贝尔奖’”

副题：“——全球气候奖”（青岛日报 2000.9.7）

环保节能的全球气候奖，是21世纪世界名牌的标志，海尔冰箱以其多年来环保节能方面所作出的突出贡献，成为中国唯一获此殊荣的企业。

海尔洗衣机广告标题：“海尔双动力 全世界第四种洗衣机”（齐鲁晚报 2004.4.20）

搓板式、滚筒式、波轮式洗衣机，海尔双动力洗衣机优化前三种洗衣机优点，创造出世界第四种洗衣机。

20世纪90年代中期，全国减肥产品大行其道异常火暴，似乎是个减肥的流行年代，涌入青岛市场的就有六七个品种。广告站在新潮流之浪尖，引导着受众的行为方向，不停地传播给受众最新的信息，最新的观念。

标题：“国民全营养素——科学减肥新概念”（青岛广播电视报

1995.3)

其正文阐述了科学减肥的理论概念，以此打动消费者，不要盲目乱减。

引题：“显效、安全、轻松、持久”

主题：“科技领先的奎科减肥酥”（青岛广播电视报 1995.32）

针对消费者减肥中的四怕：副作用、无效果、痛苦、反弹，奎科亮出自身的四大优势：安全、显效、轻松、持久。

主题：“减肥不出皱，脂肪新出路”

副题：“康氏减肥美肤茶”（青岛广播电视报 1996.16）

减肥瘦下来，皮肤松弛皱纹多，这是靓女所担心忧虑的。而康氏产品就具备这既减肥又能美肤的独特功效。这个消息对目标消费者，就是迫切需求的新闻。其实，减肥产品，原理大同小异，减肥的方法无非是节食法、饥饿法，或排泄法，能在竞争激烈的市场占一席之地，就得有新颖独特的卖点、功效或消费理念。

标题：“‘红旗’驶入寻常百姓家”（半岛都市报 2004.8.23）。这则广告的新闻性在于过去可望不可即的事现在终于发生了。

红旗牌轿车有着令人自豪的辉煌历史，作为中国第一民族品牌，其光芒曾经让世人炫目，过去一直是国人心目中尊贵的代名词，“领袖车”的身份更增添了其神秘的色彩。它是 1958 年由中国一汽自己设计制造的世界级名牌轿车。1959 年 9 月，第一辆红旗检阅车送到北京，供国庆十周年阅兵使用；20 世纪 60 年代起，红旗轿车成为国家礼宾用车，被誉为“国车”；1984 年，在新中国成立 35 周年盛大庆典上，邓小平同志乘坐红旗检阅车，在天安门广场检阅三军，震撼中外；2009 年国庆 60 周年盛典上，胡锦涛主席乘坐新型高端红旗轿车，在天安门广场检阅三军，让世界瞩目、让全国人民振奋。现如此高贵的名牌轿车驶入百姓家，反映了改革开放市场经济中，企业经营上战略性的转变，即从国家领导人认可的品牌，到公认的政府用车，再到中高档商务轿车的转型。据报道，一汽集团红旗轿车私人购买率超过六成，其中红旗世纪星与明仕两款车，销大于产。同时也说明了，社会的进步和人们的生活水平提高对理想的追求，美梦成真。

同类产品的竞争，往往是高新科技水平的较量，淡化共同点，突出新颖处。

20世纪70年代中期，我国台湾彩电市场各种品牌竞争激烈。1975年初声宝牌率先创出先进的无接点电脑选台式彩电，并利用报纸、电视两大媒介广泛宣传。它首先以“彩电不好谁之过？”的广告大标题，介绍一般电视机所用的旋转选台器，是以103个机械接点来对准频道接受彩电信号。如果其中有了磨损或污染就不易对准频道选台，“彩电迈进电脑时代”及“领导彩电技术的专利”的两则广告大标题，说明发明了电脑选台使彩电信号能准确的接受。

正当电脑选台的声势日益增强时，1975年下半年，东元牌彩色电视机，进一步发展了电脑选台的功能，以“电脑选台进入神奇记忆时代”为大标题，刊登大量广告争夺市场。

不久，三洋牌彩色电视机以“三洋遥控电脑选台，保证六年，能加装遥控器的才是真正选台”为大标题，也参与了竞争，并来势甚猛，令消费者刮目相看。这种产品变化日新的市场较量，实际是科技新成果不断市场化，不断满足消费者日益增长的需求。

家电产品的竞争是科技的竞争，换代意味着技术的更新。20世纪90年代末期，空调市场竞争白热化，1997年青岛这个气候宜人的海滨城市硝烟四起，“松下”、“春兰”、“华宝”、“夏普”、“LG”、“海尔”、“海信”等品牌空调，纷纷登台争霸。在这场逐鹿中最为注目的是青岛本地的两个大家，即“海尔”与“海信”。

1997年4月中旬，“海信”以主题“期盼已久的海信超级变频空调即将登场”，副题“能与世界顶尖空调器相抗衡”的报纸广告先声夺人，历数该产品11项新颖优点，接着以“海信超级变频空调，让你惊喜永无忧”的大标题，占各大报纸半版登台亮相。以其品质卓越超群，超级服务承诺，以及有奖活动全面推向市场。5月份，以大标题“海信超级变频空调一登场便唱主角”的整版广告在各大报纸刊出，并提出“为什么海信变频空调被称为超级变频”的问题。海信称为超级变频空调，在于率先采用双转子压缩机，有内装的高性能变频器改变频率，通过电脑处理发出正确指令，科学地控制压缩机的转速，在气温、人数变化的情况下，根据需求自动调节功率大小。

最后又推出系列广告，就超级变频空调与众不同的新颖特点重点细化宣传。

引题：“海信空调超级变频超在哪里？”

主题：“静音 30dB”

引题：“海信空调超级变频超在哪里？”

主题：“能省电 45%”

引题：“海信空调超级变频超在哪里？”

主题：“每日除湿 43 公斤”

又以“独有的智能气流”为大标题，突出自然主题；以“超宽电压 187V ～ 242V”为标题，突出低压下正常启动的特点。广告及标题从不同的方面展现了新产品海信空调科技优势，高人一筹的独到之处。使它这个知难而上的市场迟到者，很快唱响了中国市场。

海尔是势力雄厚的中国家电龙头，海尔空调雄踞北方市场多年，山东市场似乎更是独步天下。面对家门口的烽火，“海尔”几乎与“海信”同时推出换代新产品。

就在“海信”广告刊登的第二天，“海尔”便以引题“海尔小超人”，正题“超时代智能变频空调”即将上市，向消费者介绍新产品的独特五大超人功能，随后便以海尔小超人超时代智能变频空调为诉点，以五大超人功能为主题，分别在各大报纸连续刊登广告：

引题：“超远距离异地电话遥控”

正题：“人机对话新境界”

引题：“海尔小超人变频空调率先引入三段式U形蒸发器”

正题：“效率增加40%”

引题：“海尔小超人率先采用全塑室外机壳”

正题：“史无前例的创举”

……

“海尔小超人”与“海信”空调短兵相接，各自亮出新颖点，展开市场争霸。新产品的高科技的较量，使广告标题显得咄咄逼人，都想以技高一筹来占据上风。受众是这场产品新闻战中的最大受益者。

IT行业更是一个科技大比拼的市场，广告成为科技时尚潮流的有效载体，天天谱新篇，时时涌新风。海信集团副总裁卜治怡在谈到电脑产品时说，我们一年更新了3代，第一季度是挑战者系列，80～133兆的很好卖，第二季度就不行了，换成了回归系列，133～200兆，到了第三季度又不行了。第三季度之后就生产200～266兆系列，更新极快。真是昨日平地今日楼，朝见新闻暮已旧。

曾几何时，“不打不相识”，“输入千言万语，打出一生真情”的复印机广告标题，为广告人所叹服，然而在日新月异的今天，复印机是否有了更先进的？青岛日报曾刊登一个不大的广告，“您知足吗？复印机技术已进入数码时代。”这个自问自答的广告标题，把人带入高科技时代。正文写道：“奥士达数码复印机，是数字技术在复印领域跨时代产品，它可以同时具备复印、激光打印、传真、扫描等多种办公设备的功能，是21世纪办公新概念的代表。”

产品新用途，就要发现产品新的用途或改变产品原有用途。

产品本身无任何改变，只是意识改变，方式方法不同，甚至是你用不同的眼光或角度去看问题而已。但它是事实潜在的思想内容，是产品附带的社会因素，一旦挖掘出来，就有极强的新闻性。它可能演化为某种新的生活状态，新的行为方式，也可以是某种新的消费模式，某种新的观念。

女人穿三角裤是常规。1979 年惠新公司推出一种叫 YG 新潮内裤的男性比基尼式紧身三角裤，遭到经销商与零售店的反对，“笑死人了！女人穿的三角裤竟要卖给男人，就是我敢卖，也没有人敢来买啊！”经销商如此说。鉴于阻力，惠新公司在上市的 15 个月内，投入 840 万元的广告费来教育消费者，经销商改变习惯性的思想意识，结果大获成功。把女人的三角裤拿来给男人穿。

这种意识改变而产生的新观念在广告标题中常见。如 1996 年全国第四届广告作品展销铜奖的作品，“丽珠得乐”“其实男人更需要关怀”系列篇。治胃病的药市场上有很多种，“丽珠得乐”是其一，论功能并无独特之处，胃病也不存在男女用药的区别，一视同仁。但广州旭日广告公司的创作者却以“其实，男人更需要关怀”为标题，从不同的角度表现这一与传统意识相悖的思想观念，使产品赋予了一种更适合于男人的广告效果。仅仅是认识上的改变，不仅广告获得成功，产品也从此一炮打响走向全国市场。

引题：“美食新主张”

主题：“干白配海鲜　冰镇喝更爽”（青岛晚报 2004.6.7）

这个美食新主张，是青岛华东葡萄酒有限公司 2004 年夏季，在青岛各大报纸广告中，宣传其系列干白葡萄酒提出的。每则广告半版，以不同的画面语言，从不同的角度，阐释“干白配海鲜 冰镇喝更爽”的观点。华东葡萄酒有限公司，建于1984年，拥有中国第一座欧式葡萄酒庄园，以长期弘扬发达的欧美葡萄酒文化而享有“葡萄酒传教士”的美誉，以高品质、高品位的高级葡萄酒造就了“华东”品牌。华东薏丝琳干白，华东莎当妮干白等高级葡萄酒，采用华东庄园的优质葡萄，先进工艺，橡木桶藏酿，呈麦秆黄色，澄清透明，微酸、醇和、利口，早在20世纪90年代已是酒中佳品。常饮干白葡萄酒，可降低血液中胆固醇和血脂的含量并软化血管，能有效预防心血管疾病而备受人们青睐。

尽管华东干白系列高级葡萄酒占有青岛及一些沿海城市市场的较大份额，但是大量外来品牌涌进，市场格局重新组合排列的潜在威胁也悄然来临。在这种竞争激烈的环境中，华东葡萄酒推出颇具创意的产品营销点——“美食新主张”。产品本身没有改变，改变的是用途或饮用方式，体现出一种更为科学、更为合理的生活美食观：“干白配海鲜，冰镇喝更爽。”青岛的餐饮一向以啤酒海鲜而著称，从医学角度说，有不科学的因素，甚至外地人喝啤酒吃海鲜闹肚子，但青岛人早已习惯了这种饮食生活。而“干白配海鲜”，更符合人的健康要求和美食观，干白葡萄酒特有的新鲜酸味、酒精，可起到杀菌及消除海鲜腥气的效果，既开胃又营养。随着人们生活水平的提高及对自身健康的关注，饮食讲科学、讲营养、讲健康，已被人们所崇尚。广告赋予产品新功能（固然生来具有），是原本没有新闻话题的产品有了新意，成为饮食消费者的时尚品，不仅拓宽了产品的市场空间，也使品牌形象焕发出生机活力。懂得华东干白与海鲜，懂得一种生活新情趣。

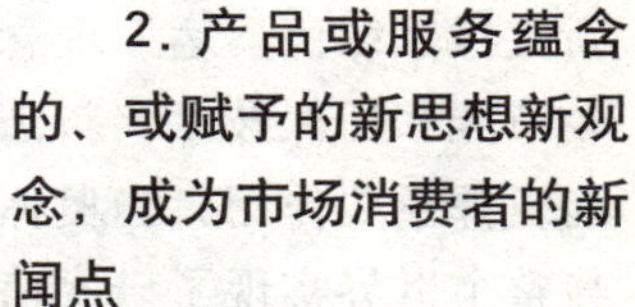

2. 产品或服务蕴含的、或赋予的新思想新观念，成为市场消费者的新闻点

这是 2008 年第 15 届中国国际广告节获奖作品，它们的广告标题分别是：

主题：“循环利用水资源 让世界绽放更多美景”

副题：“水处理技术 来自 GE”

主题：“有时成功是用绿色来衡量，而非金属”

副题：“领先技术 来自 GE”

主题：“也许是风在北京奥运背后助力”

副题：“风能发电技术 来自 GE”

广告表现的绿色环保，清洁能源，清洁水资源，生态环境正是2008年北京奥运理念的体现。“世界给中国一个机会，中国还世界一个惊喜。”为了把北京奥运会办成一届“有特色、高水平”的奥运会，实现“绿色奥运、科技奥运、人文奥运”的承诺，我国科技界结合北京奥运会建设需要，发挥团结协作和联合攻关的优势，开发和应用了大批先进、适用的绿色环保和节能减排技术，以科技创新支撑“绿色奥运”理念，一批先进的新能源汽车、绿色能源、高效节能和环保技术、新工艺和新产品得到广泛应用，并在奥运会期间发挥重要作用。当奥林匹克圣火点燃“鸟巢”主火炬，东方文明与整个世界实现了一次伟大的拥抱！中国也进入了一个蓬勃与进取的新时代。

有些产品尤其是保健类产品的推出，往往伴随着一种理论观念，它让消费者接受的第一点不是产品而是这种产品带来的思想或新观念。如青岛海尔药业有限公司1996年初推出的保健品“采力”。“采力”上市正值中国保健品热的后期，消费者以盲目消费逐渐向理性选择。但“采力”凭借独特的消费意识及雄厚财力，以大标题“突破亚健康”在各大报纸浪潮般向山东市场涌来。什么是亚健康？亚健康就是疾病和健康的中间状态。临床表现为：由于过度脑体力劳动，精神长期紧张导致的精力不足、疲劳困乏、精神不振、注意力分散、胸闷心悸、失眠健忘、颈肩腰背酸疼；由于内分泌失调、更年期综合征，人体衰老所引起的烦躁、自汗潮热、犹豫惊恐、头晕目眩、月经不调、性机能减退等。“采力”是纯中药制剂，能有效防治亚健康，像广告语：“采力突破亚健康”。

“亚健康”是种新医学理论，它与现代社会人们承受的工作，生活压力有直接关系。该产品启动市场之前，投入几百万广告费，主要是为亚健康概念被消费者认同接受而进行的思想意识教育，其次才是产品“采力”的销售，现在“亚健康”已成为人们生活中的常用语。

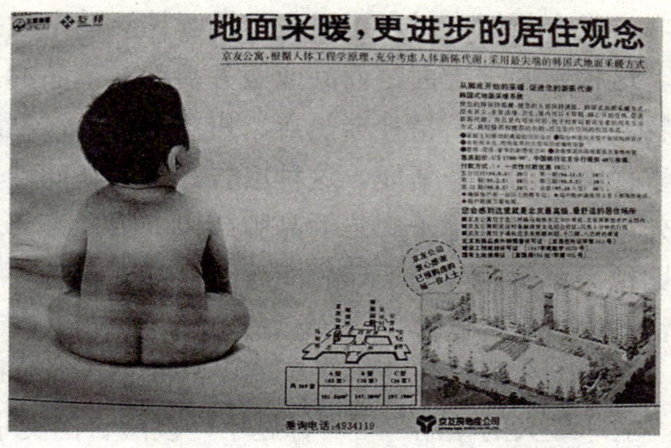

房地产广告似乎形成一种宣传模式，画面豪华大楼或欧美情调的别墅，优雅的环境，适情的人物，文案则详述楼盘特点风格，地段优势，价格……一种物的概念。实际，房子，不仅仅是房子，还有一种精神上的东西。获得第八届广告作品展二等奖“地面采暖”售房广告，就赋予物以灵魂，卖的是观念。其广告正题“地面采暖，更进步的居住观念”，副题“京友公寓，根据人体工程原理，充分考虑人体新陈代谢，采用最尖端的韩国式地面采暖方式”；图中赤身的小孩安详地坐着正在享受阳光的沐浴。以“物”演绎出“人”的居住观念，是创作者从“房子”中挖掘出的新卖点。

在事实的基础上，开发富有时代气息的新亮点及时尚色彩，把内心所感觉到该产品可能变成的模样，上升到理性来引导消费，满足新生活的需求。像乔治·路易斯所说：“广告应该指导产品，而不只是面镜子。广告可以是只罗盘，将指针指向消费满意的新标准。”正如“金利来，男人的世界”，销售的是领带，卖点却是男人的自豪、尊严、事业上的成功。

3. 营销中利用并创造新闻

把社会需要转化为赢利的机会是企业市场营销所追求的，当产品或服务本身没有新闻点时，可以在市场营销活动中发掘新闻，或创造新闻。这种新闻一方面是商品或服务活动中产品的，另一方面是善假于物、借势发力，搭社会热点、焦点的班车，利用新闻事件制造超出事件本身的社会新闻。这种广告标题的新闻性，不仅有广告的促销效果，还能作用于广告的品牌或树立形象，其影响力非常规广告所比拟，可谓四两拨千斤的功力。

营销活动中产生的新闻

1991 年 4 月 23 日，全世界几百万人打开早报时，吃惊地注意到在名为“全球最大的馈赠”广告标题下一段醒目的文字（副题）：“英国航空公司将向全世界免费赠送 5 万张机票”。

世界各大报纸都用通栏标题报道了“英航”这份令人不可思议的馈赠活动。英国、澳大利亚、美国的电台和电视台黄金时间里报道了这一新闻。在新闻的煽情下，全世界有 1000 多家旅行社为之动心，几乎包销了一大半英航机票，这场全球性广告攻心战酬宾促销活动共耗资 9000 万美元，为英航公司树立专业、高效、安全、亲近的商业形象。

“曲美，拍卖一小时，敲定两亿元。”这是2000年8月7日《青岛晚报》刊出的广告标题，宣传太极集团减肥新药“曲美”。当目标消费者苦于找不到理想减肥灵丹妙药时，这是个利好消息，巨大的拍卖额，展示了产品卓越的功效和诱人的市场前景。

“超越 1000 万！”这是 1998 年科龙集团容声冰箱进入“海尔”大本营青岛，在《青岛晚报》做广告的标题。1000万台的市场销售额，说明了市场占有率，也向目标消费者或潜在消费群透露这样的资讯：容声冰箱值得信赖。

“莱茵河畔海尔潮”（正题），“海尔旗与欧盟国的旗帜一起高高飘扬在莱茵河大铁桥上（副题）。”这是 1997 年 4 月 10 日《青岛日报》整版刊出的海尔企业形象广告标题。

1997 年 2 月 18 日，两年一届的世界著名科隆家电博览会上，迎来了一批黄皮肤黑头发的中国海尔人。在这名牌争雄、高新家电角逐场上，中国结束了以往只看不展的局面，第一次有自己的家电展出，在中国展台中有1/2展位是海尔产品。海尔展示的不仅是优秀产品，更是振兴民族工业的胆识、智慧、实力。海尔抓住参展活动大做新闻文章，使海尔品牌走向世界。其后，海尔登出以“让全世界消费者都放心——海尔冰箱在世界各地”为主题的系列广告：

标题：“海尔冰箱在德国让同行心服口服”

正题：“海尔冰箱在美国”

副题：“我们营销的海尔冰箱高度超过了3500座美国大厦”

正题：“海尔冰箱在澳大利亚”

副题：“得到澳大利亚式的欢迎”

这些广告标题，不论以销售市场的占有，还是从产品质量上都富有新闻性，给人一种中国产品进入世界名牌的民族自豪感。

其产品营销或服务形式以新闻特有的客观性与真实性面世，采用新闻报道形式推出，更能增强广告的可信性与亲近感。

1998年第5期《国际广告》佳作赏析中，斯玛特汽车广告就是成功的一例。其标题分别为：

“斯玛特在阿姆斯特丹，1997年9月9日1时46分”

“斯玛特在布鲁塞尔，1997年9月11日15时45分”

“斯玛特在柏林，1997年9月15日11时43分”

“斯玛特在苏黎世，1997年9月16日9时52分”

广告编排：一辆斯玛特车在城市路旁，不同的行人围观或驻足凝视汽车，画面左下角，黑反白标题与一行文案。从动感的画面到报道性标题，像一幅幅图片新闻报道，客观现实感很强。

营销活动中的新闻点，有时会产生新闻连锁反应，有引爆功能如星火燎原。

海尔开发研制，售前、售中、售后星级一条龙服务，如广告标题语：“只要您打一个电话，可随时享受一条龙服务。”

1995 年，青岛海尔空调开辟北京市场之时，一对新婚夫妇买了海尔空调，晚上 10 点多钟，发现床头上面的空调滴水并打湿了床垫。丈夫在新娘的催促下给海尔北京销售服务公司打电话，服务公司领导获知后先向用户致歉，并说公司里的维修人员劳累一天已睡了，承诺明天一早一定赶去修好。新郎觉得在情理之中，后又想，海尔提出星级服务，24 小时全方位，于是又尝试着给海尔青岛总部售后服务中心打电话，被连夜开会的总裁张瑞敏知道了。青岛售后服务中心急电通知北京市场经理，必须赶在用户上班之前，携带一台新空调和新高档床垫给用户换好，并当面道歉。

此事被媒体披露后，引起较大反响，海尔星级服务水准被人称道。海尔空调也走红北京市场。借助新闻效果来打动消费者，拓展市场空间，往往有事半功倍的宣传效益。

在营销中策划制造有轰动效果的新闻事件，或抓住机遇搭乘社会热点、焦点问题便车，借势发力，顺风扬帆，是广告策划创作中的大手笔。

“今年夏天最冷的热门新闻：西泠冷气全面启动”。

这则广告标题，是 1993 年 1 月 25 日，中国著名报纸《文汇报》头版整版刊登的杭州西泠电器集团的空调广告，被称为“中国广告 1 号”震惊中外。

西泠集团引进外国科技和机件，开发了分体挂壁式空调。然而怎样才能使人了解这种空调，并迅速打开激烈竞争的市场，这个问题颇令厂家头疼。于是他们请奥美广告公司策划创意设计，力求一炮打响。100 万元人民币做《文汇报》头版整版广告，那是石破天惊的创举。

刊出后的广告效果远远超越了广告产品本身，成为中国社会尤其是舆论界最热门新闻，引起强烈反响，国内外媒介争相报道此事并评述。这是新中国成立以来国内大报首次在头版整版刊登产品广告，被称为“中国 1 号广告”；是中国新闻史上的一次里程碑式的重大改革，意味着意识形态领域的革命；是邓小平南方谈话后第二次思想大解放的产物，吹响了中国加快改革开放速度的号角，预示着中国深刻巨变的来临。

搭社会热点新闻便车之作的广告，派克钢笔广告界有口皆碑。1988 年 1 月 3 日，美国派克钢笔以整版广告首次刊登在苏联的《莫斯科新闻》报上，广告标题用大号铅字排出：“笔比剑更强”标题下面刊登了美苏两国首脑里根与戈尔巴乔夫用钢笔签署销毁中程导弹条约的大幅照片，而在照片下方附有派克笔的说明。冷战时期的两个敌对超级大国终于走向一起，世界和平的潮流浩浩荡荡，千军万马难抵大笔一挥，如标题所言“笔比剑更强”。派克笔利用备受关注的政治新闻事件做宣传，不仅提升产品品牌形象，还起到以一当十的广告效果。

邦迪创可贴《韩朝峰会篇》广告（国际广告 2002.12）也是这方面的佳作。

标题：“邦迪坚信没有愈合不了的伤口”，画面韩朝首脑峰会含笑碰杯。

创意借题发挥，重大历史新闻成了广告信息传递的有效载体。标题一语双关，既指韩朝峰会结束了长达半个世纪历史对峙僵局，了却人们的心灵之疼，又暗示了邦迪治愈创伤的独特效果，皮肉之伤或历史之疼。画面上两位历史伟人相互碰杯，透出“杯酒释前嫌，一笑泯恩仇”的意蕴。结束过去，面向未来。新闻造势，使广告效果影响深广久远。

利用新闻事件做促销的最佳广告案例：英国女王访问联邦德国期间，一家大型百货商店抓住机会，在一张日报上刊登了一个大幅广告，广告上是各种各样的漂亮的太阳帽，标题：“女王不戴帽子不出门”。从而引起了德国民众的模仿消费。

第 40 届达沃斯论坛是在全球金融危机发生一年后召开，本届论坛试图为依然严峻的世界经济形势找到新的方向。中国学者李稻葵在参加达沃斯 2010 年年会之际开通新浪微博，把他在达沃斯的所见所闻传给网友，其中 1 月 30 日有两则广告，其一是印度在达沃斯的广告攻势很猛。在会场一公里外的一个商场，整个外墙变成了一幅画，画着十几个自信的印度人的笑脸，上一行字：“印度有韧劲！”下一行字：“印度在前进！”一个国家利用世界热点会议不失时机推出形象广告。

利用新闻事件做广告要有相互的关联性，广告内容和新闻事件之间要有一定的关系；关系要真实可信；对消费者要有好处。避免牵强附会搭错车。

4. 广告标题新闻的亲近与及时性

新闻的亲近性

广告标题新闻中的亲近因素，是广告具有新闻价值或广告效果的基础。只有创造受众或消费者生活亲近感标题，新闻才能有价值，广告才能达到目的。

亲近，一方面是发布的广告信息，与受众或消费者生存的生活距离近。人们应对环境，改造生活，首先从身边周围开始，而不会从千里之外的地方去想，离自己生活最接近的才是最真实的。如谚语："天鹅虽美，不如身边麻雀。"距离越近，新闻价值就越大。另一方面是心理距离近和符合受众或消费者的价值观，亲近他们的情感，与他们的利益相关联。广告标题新闻内容，如果不与受众生活息息相关，不能触动他们的情感，没有他们需求的利益点，那么，即是近在眼前，也如远在天边。

如海尔热水器广告标题：

正题：电价升了，电费降了

副题：——海尔热水器节能专家帮您省钱

这则广告于2004年5月13日刊登在《青岛晚报》上。近日，国家发改委对消费电价水平做出调整，西部地区电价每千瓦时提高2～3分人民币，东部地区电价每千瓦时提高0.5～2分人民币，调整幅度按全国平均每千瓦时提高1.4分人民币，并坚决取消地方自行出台的优惠电价。这使本来就居高不下的家庭电费开支又要升至一个新高度。

在这个政策背景下，标题有了新闻性，"电价升了，电费降了"这看似矛盾的现象，足以引起日常生活受众的关注。它的新意，一方面表现为一些受众从广告中获得电价涨了的消息，另一方面这一"升"一"降"反常行为，使受众产生出新奇感和探知欲。副题，帮您省钱的卖点，既符合受众的价值观，又切中他们所关注的利益点，具有极强的亲和力。电热水器是家中耗电大件，消费者在享受电热水器带来的安全、方便、舒适、惬意的洗浴时，又不担心耗电费用的支出，这样的节能省钱的电热水器，自然是消费者的首选。

新闻的及时性

广告标题新闻的及时性，即其信息内容的时效性，指广告产品或服务事实发生以后，不失时机，迅速传播。广告中的及时概念，不像新闻消息的及时那样，能左右新闻的价值，广告的重复性传播特点，使一些广告标题没有明日黄花感，只要有市场潜力，消费需求，就有广告的价值与效果。广告在及时上，往往表现为时机，但有些广告标题新闻内容具有较强的时效性。

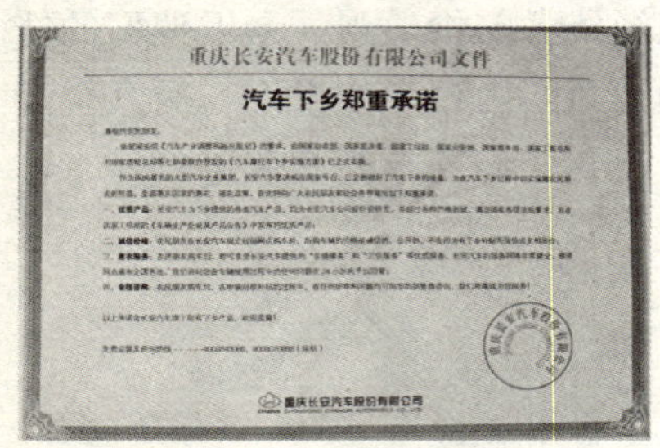

重庆长安汽车股份有限公司文件

汽车下乡郑重承诺

重庆长安汽车股份有限公司

《半岛都市报》2009年3月30日刊登的重庆长安汽车下乡广告，以公文形式显得尤为庄重。家电汽车下乡是我国应对国际金融危机，顺应农民消费升级趋势，运用财政、贸易政策，惠农强农，带动工业生产，促进消费拉动内需的一项重要举措。自2009年2月1日在全国推广以来，各地工商业积极响应，保证提供适合农民消费特点、性能可靠、质量保证、价廉物美、优质服务的产品，满足农民消费需求。

国家旅游局宣布，2010年4月12日起，朝鲜将正式成为我国公民组团出境旅游目的国。2010年4月14日《半岛都市报》旅游周刊即推出专题介绍：“朝鲜，最熟悉的陌生人”。说熟悉，我们和朝鲜之间只隔着一条鸭绿江；一场抗美援朝战争，让我们对这个国家多了一份浓重的革命情谊；一部《卖花姑娘》，让无数国人对花妮的印象至今不灭，甚至重温起来仍潸然泪下……说他陌生，因为朝鲜又是一个相对封闭的国家，我们对朝鲜的印象，一直停留在电影里的短暂影像中，停留在平壤整齐划一的街道和金日成广场上矗立的铜像，我们面对这个一江之隔的邻居，几乎没有敲过他的家门……

现在，朝鲜终于向我们敞开了大门，去寻找那份美好记忆吧。

新闻的及时性，即是抓住最新信息，如新产品上市，新的服务举措，节假日时效性的促销活动。

澳柯玛空调广告标题：

引题：“品质为本，表里如一”

正题：“澳柯玛空调2004款全新上市”　（青岛晚报2004.3.12）

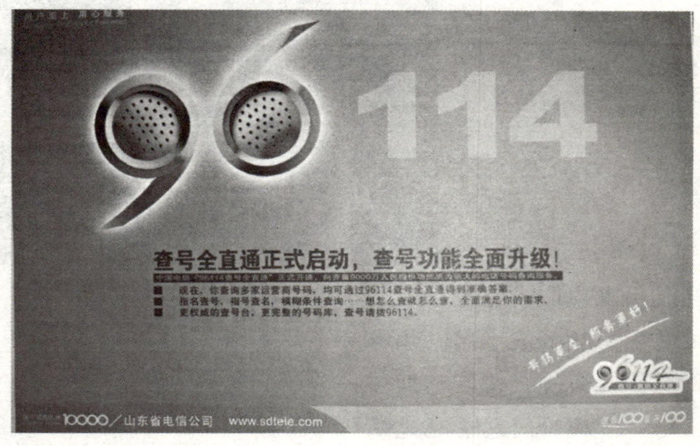

中国电信广告标题：

正题：“96114”

副题：“查号全直通正式启动　查号功能全面升级！”（半岛都市报2003.12.5）

夏新手机广告标题：

正题："动感夏新购物节"

副题："动心好礼双重送

活动日期：4月18日～5月31日"（齐鲁晚报2004.4.30）

新汽车上市广告标题：

主题："行云流水间，体味时光的真谛"

副题："新一代梅赛德斯——奔驰E级轿车"

主题："顾盼间总看见光明"

副题："新一代梅赛德斯——奔驰E级轿车"

主题："瞬间遇见美好的四季"

副题："新一代梅赛德斯——奔驰E级轿车"（2008年第15届中国国际广告节获奖作品）

另一类是产品上市已久，但因种种原因，仍有许多鲜为人知的相关商情，如产品的历史、产地、原料制作工艺、经营管理特色等方面信息，随着市场竞争发展，那些独具的信息内容，仍有其新闻价值。2004 年 5 月 14 日，被 CCTV 评为 2003 年全国最具价值上市公司之一的贵州茅台，在 2002 年 9、10 月份《半岛都市报》上，以解读神秘茅台为题，连续刊登软广告，其标题如下：

"茅台酒的历史到底有多久？"

"茅台酒是怎样获得巴拿马万国博览会金奖的？"

"生产茅台酒的地理位置有什么特点？"

"微生物对茅台酒的生成会产生什么影响？"

"生产茅台酒的河水为何称为'神水'？"

"哪些工艺是茅台酒的'独门绝技'？"

"茅台酒要贮藏多少年才能出厂销售？"

人们对驰名中外的贵州茅台酒并不陌生，"旧时王谢堂前燕，飞入寻常百姓家"，但要说出个所以然来的不多。这对目标受众而言仍然是及时性的新闻，是产品要素中无与比拟的亮点，不因年久而失色，历久醇香。

广告标题新闻的及时性，有时表现一种现在时的渐进事物变化，或者是未来流行势，对时效而言，它是一个阶段，或是一个过程。

如松下空调广告标题："松下空调不降低！"　（青岛生活导报 2000.5.24）

容声冰箱广告标题：

正题："冰箱不打价格战"

副题："竞争转向技术与营销"　　（半岛都市报 2000.3.24）

2000 年家电市场竞争掀起降价风潮，在这场降价促销运动中，松下空调与容声冰箱向市场及消费者亮出自己的旗帜，"不降价"。降价意味着牺牲产品质量，或者厂家不要利润，这不符合市场营销规则。

2006 年 6 月到杭州的名胜景观雷峰塔游览，被它旁边的广告牌标题语吸引驻足：

引题：“塔倒了”

主题：“白娘子还在吗？”

副体：“——进雷峰塔，寻古塔踪迹”

引题：“传说中的佛祖舍利子”

主题：“你见过吗？”

副题：“——进雷峰塔，浮屠寻珍”

引题：“把你的视线抬高百米”

主题：“天堂将是怎样一种美？”

副题：“登雷峰塔，鸟瞰西湖第一绝”

“白娘子”、“舍利子”、“天堂”，这些带有神话色彩的传奇故事，超越了时空，仍在人性的求知猎奇中存活。对于有些人来说，它是过去时；而对于未感知的人来说，依然有着较强的新闻诱惑力。

（环保公益广告）

二、独特性

滚滚红尘人流如潮，擦肩接踵往来中，有几人能让对方注目，或熟人或名人，或美者或丑者，或高的或矮的，在芸芸众生中不同的“这个”，才能触及行人近乎麻木的神经而留意，大多如过眼云烟，来去无踪。但“凤姐”的狂放与“犀利哥”的自由会挑战你的眼球。

黄山的松石，庐山的云海，泰山的雄伟，华山的险峻，无不以鲜明独特的个性在群峰中屹立。2008 年北京奥运会精彩开幕式，中国独特文化魅力让世界震惊。2010 年南非足球世界杯，开幕式上的“屎壳郎”滚球与“呜呜都拉”噪音，也令人难忘。

同理，一个众所周知的广告，也必定是一个有鲜明特色的广告，首先是广告标题的独特性。

独特性是广告标题内容中产品品牌、企业、营销等方面市场上的独特个性，是广告标题有效要素之一。广告要得到受众的注意，一项指定的广告信息要与无数的其他广告信息相竞争而要达到目的，就一定要在目标对象或潜在顾客耳目之前放入某种不同凡俗的东西，最理想地是一个指定的广告应该看起来或听起来与其他广告有所不同，使消费者有识别性。“假如商品有值得为它付钱的特点，它就一定有值得注意的特点。”（汤姆·狄龙著《怎样创作广告》）标题就应该充分表现商品这种值得注意的特点。

广告标题的独特性，有的来自独一无二的原创性，是新发明新创造，有的是品牌个性，有的是旧元素的新组合，是商品的个性但不是唯一的，只是抓住了别人忽略的卖点，有的则是广告创造出的附加值。

1. 标题要体现广告创意策略的独特性

USP 广告创意策略理论创始人 R·斯提出独特的销售主张，其基本点之一就是广告创意必须是竞争对手做不到的或无法提供的，必须说出其独特之处，在品牌和说辞方面是独一无二的。而后期的品牌个性论则进一步强调广告创意策略中，塑造品牌个性使之独具一格。施泰因·莱康格尔原任瑞典最大的广告公司创意总监，他说：“我的创意观念就是努力发现事物之间的区别与特点。创意没有标新立异、独树一帜就不是创意，而只是在修修补补。”（国际广告 1997、7）创意策略必须是广告个性化，让消费者认识上形成一个个性基调。

如“在美丽的比利时境内，有五个阿姆斯特丹”。这则广告标题是莎碧娜比利时世界航空公司为一个国家定位的独特宣传。

莎碧娜的航线由北美直飞比利时的首都布鲁塞尔。尽管做许多广告来宣传飞机好，饭食美，总不见效。经多方调研，发现问题症结不在航空公司自身，而在当时比利时作为旅游地还寂寥无闻。广告人绞尽脑汁发现，比利时有特别值得一游的5个“三星级城市”，而当时北方旅游胜地荷兰，只有一个“三星级的城市”——阿姆斯特丹。这一比较发现，产生了震撼人心的独特创意，配合标题语的是介绍美丽比利时5张“三星级城市”的彩色照片。

“从12月30日起，大西洋将缩短20%”的广告标题，配合一幅被撕下20%的波涛汹涌的大西洋相片。它摒除一往正面强调飞机高速的创意模式，而从节省时间缩短路程的角度切入，表现出创意的独特创造力。

房地产广告，平淡告知的多，富有个性的少，标题大众化的多，独特卖点的少。获得1992年度《广州日报》优秀广告金奖的“风水宝地”则是营销创意中的佼佼者，富有原创性。“风水宝地”系列是番禺粤海房地产公司推出的丽江花园广告，从销售的4个不同的利益点切入，标题一目了然。

“风”篇以“看准了再买”为标题，给置物业者提供购买指南，体现出广告主的气度、坦诚，给人留下“信”的深刻印象；

“水”篇，以“美满家园，在水这一边”为标题，陈述了丽江花园的环境，饮用水质，建筑水准，建造商势力；

“宝”篇，以“金出丽江，玉出南浦”为标题，陈述了设计的创新管理的完善，以及升值的前景；

“地”篇，以“风生水起，宝气地灵”为标题，陈述其交通生活方便，享受等优势。

在独特的销售主张中，广告标题也体现出个性色彩，从不同点表现出丽江花园的市场特色。

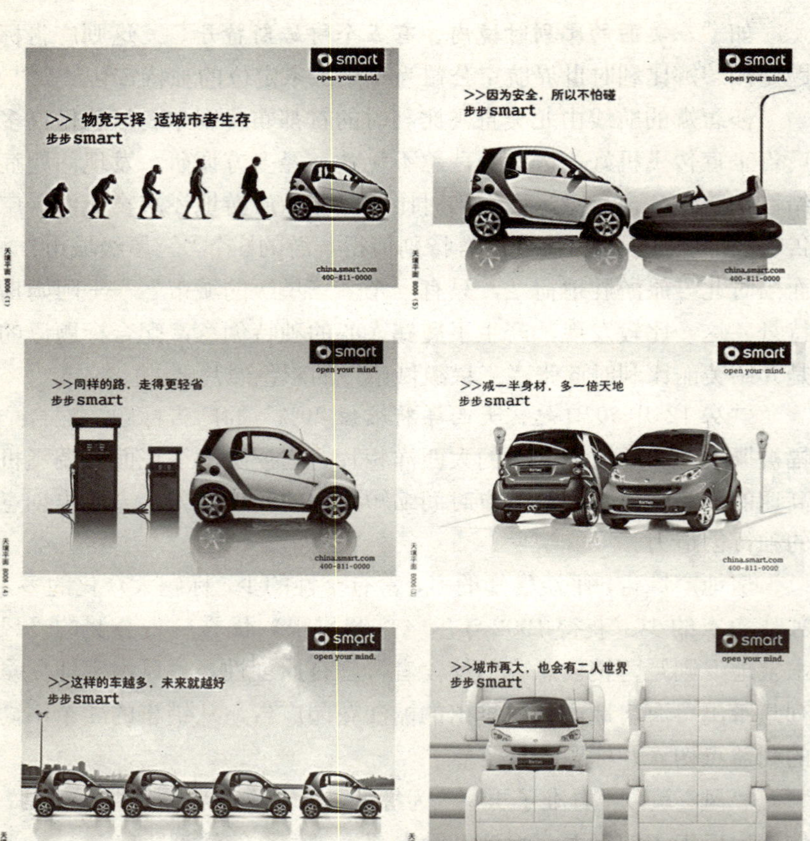

该系列广告是2009年第16届中国国际广告节获奖作品，立意高远，站在宏观和未来的高度。在我国工业化、城市化的历史进程和生活由小康向富裕转变的时代，汽车业快速发展，汽车销量连续几年超千万辆居世界之首。由此带来的负面现象也愈加突出，私家车越来越多，城市道路变得越来越堵，耗能污染越来越大，“路恐症”者增多，交通事故频发。而节能环保，安全方便，低碳的汽车将是未来发展的趋势。该系列广告从标题到图案，大处着眼，小处着手，独特超前的创意策略展示出现实与未来的趋势需求。它的精小优势从身材小、节油、安全、适应性不同方面表现出来，有些是汽车广告中常见的卖点，因创意不同而显得与众不同，有很强的诱惑力。

大到一个广告活动，小到一则报刊广告，有好创意才有好广告。富有创意的广告中，一个图片，一个标题（或文案），交相辉映就能形成超越平凡的市场销售力点。

例如，针对年轻人的住房储蓄广告，图片：一只袋鼠袋里装着小袋鼠。标题："您不可能永远住在父母的房子里。"

美国一家公司的香水广告，图片：一张年轻女人的脸。标题："希望他更有男人味？自己先得更有女人味。"

美国一家公司的减肥快餐广告，图片：一位年轻姑娘身着时髦的比基尼。标题："这就是你的情敌的今夏着装。"

用心去看，生活的魅力无处不在。创造性思维会在平凡的看似不相关联的事件中整合出新思想，创造出新主张。

2. 原创性的产品或服务特色

广告标题的独特，更多的是源于广告信息的个性。始于发明创造，科技创新，产品的识别标志，除了公认的品牌个性之外，仍有自身价值特点及不同之处，由此构成市场上独一无二的卖点或产品的鲜明个性。

“4.8米架空层　最辛苦的是清洁工”标题是第11届中国国际广告节获奖作品，房子的超常高度和空间形成独特市场优势，同类中鹤立鸡群。是蜗居式的生存者梦寐以求的生活空间，舒适、敞亮、自由，生命也得到张扬升华。

“昂立1号，清除人体自由基”标题，这是1992年我国第一个卖火了的保健生物制剂产品广告，其标题国内报纸随处可见，“清除人体自由基”的功效是发明创举，开我国保健品之先河。

“采力，突破亚健康。”这则广告标题曾风靡青岛各报，是海尔研制开发的第一个保健产品，以其“突破亚健康”而横空出世，席卷山东市场。

一种优秀的保健产品能在市场上被认可并流行，往往伴随着生物制剂的科技创新，崭新消费理论或市场空白卖点的出现，这种市场消费理由或产品个性，一般凝练成一句话，首先作为广告标题出现在各报刊上，而后成为广告语流行消费市场。

当R·雷斯为M&M.奶油巧克力糖果策划新广告时，只用十分钟左右的谈话，就发现这种巧克力是第一个糖衣包裹的，于是“只溶于口，不溶于手”的创意主题就出来了，并有标题语而变成历久弥新的广告语。

广告标题是广告主题的反映与表现，主题的依据和基础是信息特色。对广告表现内容多角度的选择，多角度的思考，根据目标市场、消费心理、产品特色，要侧重抓住一两个方面，如商品或服务与众不同的主要特点，那些对最可能的预期顾客最具吸引力的优点，将其提炼升华为主题，在标题中突出展示，这些恰恰是目标市场上销售点和消费者的卖点。如下列广告案例：

美国生产的SS型手提电视机，在开拓国外某市场时，第一期为开拓性广告，从不同角度揭示新产品的特点。

第一则标题突出宣传的是“唯一全部采用美国零件，美国外销的电视机。”强调是独家经营此类型的美国产品，树立经销商的声誉。

第二则广告的标题是“苗条淑女”，强调该机适合小康之家和小家庭用。

第三则广告标题是“寂寞的晚上”，面对单身汉收入少，住房狭小，时有苦闷寂寞之情，劝导购买这种电视机最合适。

出自美国广告大师罗瑟·瑞夫斯之手的总督牌香烟广告，抓住产品“过滤”的特点，为刚研制出来的产品，叩开市场大门。

标题：“总督牌给你的是别的滤嘴不能给你的”

内容：“只有总督牌在每一支滤嘴中给你两万颗过滤凝汽瓣。当你吸食丰盛的香烟味道透过时，它就过滤、过滤、再过滤。

男人：有那两万颗凝汽瓣，实在比我过去吸食没有滤嘴的香烟时的味道要好；

女人：对有滤嘴的总督牌吸起来是好得多。……而且也不会在我嘴里留下任何烟丝渣，只比没滤嘴香烟贵一两分钱而已。”

潍柴客车动力广告体现出动力强劲，质量过硬的特色。

主题：“跑得再远，都回得了家”

副题：“潍柴客车动力，百万公里无大修，往返月球足矣”（凤凰周刊 2005.8）

2007 年第 14 届中国广告节长城奖获奖作品百草脚气清广告，艺术性表现产品自然独特的芳香功能，如广告标题：“芳香，让一切融洽”。没有困扰，没有侵害，没有敌对，一切祥和平安。

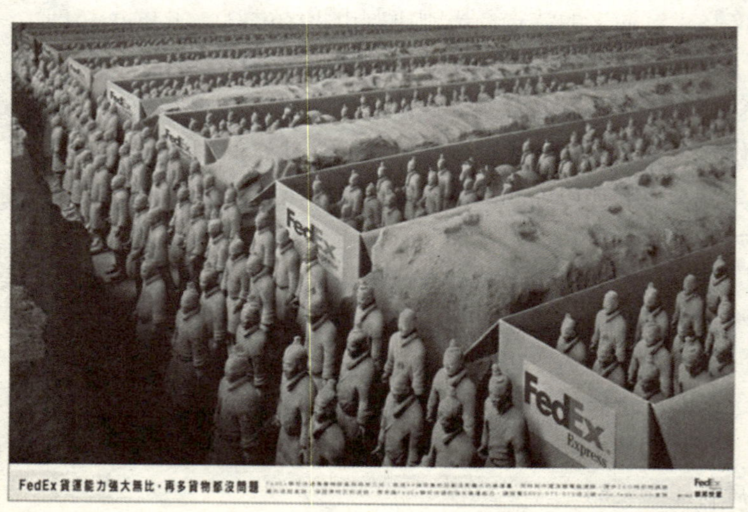

2006年第13届中国广告节中时广告获奖作品的两则广告标题分别是："货运能力强大无比，再多货物都没问题"；"这只是FedEx货运一小部分（部分货物长城状画面）"。充分表现强大无比的货运能力，尽管画面有点夸张，但无所不能的强大优势依然令人信服。

3. 品牌标识及个性

品牌是商品的商业名称，它的语言和图案是独一无二的，其商标注册后受法律保护，成为一个产品或企业永久性的识别标志。

品牌是企业凭借资源优势，在产品设计、质量、包装、款式、品位、服务等方面形成的与众不同的优点，并在长期经营中得到消费者认同信任，因其知名度有市场占有率，是产品的形象表现。同时还凝结着企业的科学技术，市场信誉，追求完美的企业精神中诸多文化内涵。就海尔来说，作为一个家电品牌，拥有很高的知名度和美誉度，人们提到海尔，不是将它冰箱空调等单一的产品联系在一起，而是联想到海尔是一个品质超群，敬业报国，追求卓越，持续创新，服务完善，文化厚重，管理科学的国际家电品牌。海尔，"真诚到永远"的品牌形象深入消费者之心。

企业实施品牌战略，花力气宣传，推荐提升塑造品牌，并千方百计让消费者识别记忆，认可信赖和忠诚，就是因为品牌具有市场识别性，能产生习惯性的重复消费行为，这是企业市场竞争中的制胜之道。如饮料中的"可口可乐"、家电中的"松下"、"海尔"，汽车中的"宝马"，洗涤品中的"宝洁"等诸多中外驰名品牌都是以品牌形象赢得市场。正如国务院总理温家宝所说："名牌就是质量，就是效益，就是竞争力，就是生命力，追求名牌就是追求卓越。"

大众媒介品牌广告众多，标题自然带有品牌个性，如：

主题："讲品牌，你喝哪一桶？"

副题："名牌水和杂牌水的距离，就是能否让人永远放心，请

饮用崂山牌大桶水”（青岛晚报 2000.10.2）

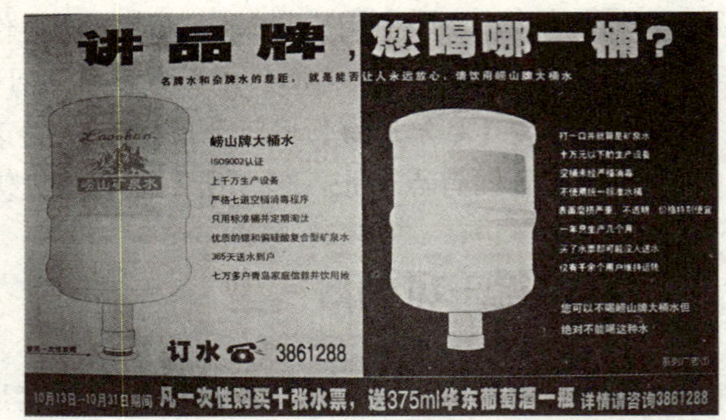

广告画面是两个一样的水桶，但不一样的品牌。崂山牌矿泉水，百年品牌，水中经典，值得信赖。

主题：“迅速识别出色电脑”

副题：“有此标志，毋庸置疑”（半岛都市报 2003.5.22）

广告图案是该电脑品牌标志，正文指出，当你面对众多品牌难以选择时，只需认明 Intelinside 标志，因为这个标志是电脑内的处理器，是值得信赖的英特尔处理器。

“给电脑一颗奔腾的芯”，英特尔公司的微处理器最初只是被冠以 X86，并没有自己的品牌，为了突出自己的品牌，从 586 后，电脑的运行速度就以奔腾多少来界定。据说英特尔公司为推出自己的奔腾品牌，曾给各大电脑公司 5% 的返利，就是为在他们的产品和包装上贴上“Intelinside”的字样，而“给电脑一颗奔腾的芯”则一语双关，既突出了品牌又贴切地体现了奔腾微处理器功能和澎湃的驱动力。

再如“即发——中国驰名商标”（招商周刊 2003），这则连

中秋节喜旺品牌广告（半岛都市报2009.9.18）

续刊登的广告标题语直接宣传“即发”是中国制衣业中的著名品牌，其内衣系列、运动系列、休闲系列、T恤系列产品是市场上一流的。

主题：“中国移动以品质赢得未来”

副题：“专注——专注做移动通讯服务，专心——专心经营好一个网络，专业——移动通讯专家”（青岛早报2003.10.22）。广告标题充分体现中国移动通讯，这个世界最大的通讯运营商，是移动通讯专家的品牌形象。

广告标题：“康佳高清天下，礼送万家”（齐鲁晚报2003.4.10），康佳彩电实现从线到点的视觉革命，让你享受逼真的高清画质，康佳品牌，树起“高清”形象。

“一牌一品”是企业多品牌战略，品牌产品或企业形象个性明显。统一品牌战略，以一个品牌来涵盖企业的全部产品，往往忽视不同类别的产品个性，如果用一个成功品牌作为主品牌，来涵盖企业所生产制造的系列产品，同时又给不同产品起个富有魅力的名字作为副品牌，以主品牌展示系列产品的社会影响力，而以副品牌凸显各个产品不同个性形象，这样的广告宣传及标题更具特色。

例如，：引题："海尔小超人"

主题："超时代智能变频空调"　（青岛晚报 1997.4.12）

主题："海尔'手搓式'节水型"

副题："小小神童（洗衣机）"　（青岛日报 2000.7.7）

引题："衣服不用我洗，只好下岗吹泡泡"

主题："海尔环保双动力，真正不用洗衣粉　"（半岛都市报 2003.9.19）

标题中品牌形象、产品个性融汇一起，贴近目标市场的消费审美观，造就新的刺激，创造新的卖点，富有个性之美。

4. 微中见著的张扬

市场上发明创造的新产品少，更多的是产品同质化现象，产品的特点、功能、用途、款式等方面大同小异，在同类产品市场的竞争中，同中求异，往往是产品要素的那点细微的不同，发掘提炼成市场上优势，成为消费者认可的利益点，广告标题就是要沙中淘金并让它放出光来。差异显示个性，细节决定成败。在社会分工高度专业化、精细化的今天，细节已成为企业核心竞争力和最重要的表现形式，所谓"针尖上打擂台，拼的就是精细"。优化凸现细节，张扬独特个性，使广告宣传产生"蝴蝶效应"——南美洲的一只蝴蝶振动翅膀将导致北美洲的一场龙卷风。

房地产业是国民经济增长的重要的产业之一，也是广告投入的大户。别墅楼房、皇室豪宅遍布大江南北，就用料而言，都是一堆钢筋和水泥的混合物，外加一层装饰皮。远非城市的雕塑，立体的画无言的诗。以地段、交通、价位、房型、环境等要素内容和图案的房地产广告司空见惯。而优秀的创作者总会在共性中发掘个性，于一般中发现动人之美。如下列两则广告标题：

标题：青岛发现一座"植物园"　（青岛晚报 2004.10.12）

这则“金帝山庄”广告，除常规内容介绍外，重点推出居住环境美，59 种植物四季美景轮流上演，它是一座新花园，更是一座自然和谐的生态植物园。贴近自然拥有健康。

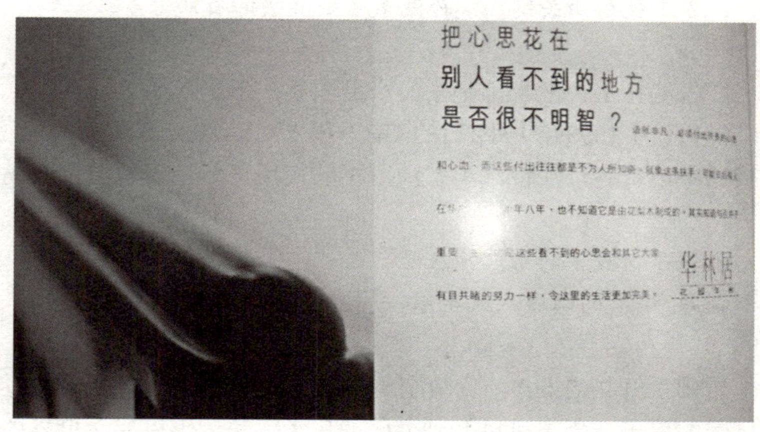

*“把心思花在别人看不到的地方是否很不明智？”*这是第五届全国广告作品展获金奖作品“丽江花园华林居”（扶手篇）中的广告标题，广告分左、右两部分，左边是特写般的楼梯扶手，闪着金黄色亮光；右边是广告文案。广告注目点，没有对华林居洋房正面表现，尽管正文中也体现了华贵洋房高档配备及市场消费卖点，如价格、交通、环境、泳池、花园等要素，但创作者独具匠心，凸现的是一个精雕细刻，光华高贵的花梨木扶手，让人真情实景体验与感受那露出的冰山一角。呕心沥血的非凡之作，通过一个别人不易关注的典型扶手，以小见大，反映出华林居的名贵与完美。

差之毫厘，失之千里。也许就是这么一点细微的优势，打破了市场竞争上的平衡，是你超越平凡，成为同类中的优胜者业界的领跑者，如海尔浮船法则（只要比竞争对手高一筹，半筹也行），只要保持高于竞争对手的水平，就能掌握市场主动权。

标题*“如果挤出来的是奶，喂进去的也是奶，您还养得起吗？”*

正文："好车就如一头奶牛，除了体格强壮，当然要求它吃的是草，挤出来的是奶。江铃汽车一贯以品质卓越和驾驶省油而傲视同群，百公里耗油最高仅为8升。这意味着您的选择就是利润和竞争力，费改税，油关键，江铃汽车名副其实的省油冠军。"

……

广告编排上，上半部是牛及产品图案，下半部是上述文案。这则广告刊登在1999年4月2日的《南方周末》上，其形象生动的标题，直接感染消费者，江铃汽车省油冠军的市场优势，表现渲染充满感染力。

主题："我家的第二幢房子"

副题："家的领域从此无限——雪佛兰移动别墅"（半岛都市报2002.9.25）

雪佛兰开拓者SUV，宽敞空间造就家的移动别墅，是看得见不同风景的房子，周末可以开到郊区的房子，长假可以周游世界的房子，让家人更亲密的房子……

主题："洞察秋毫 明辨黑白"

副题"东风标致307 光感狮眼晶钻头灯"（齐鲁晚报2005.3.25）

主题："天生机敏 应势而动"

副题："东风标致307，感应式自动雨刷"（汽车杂志2005.1）

主题："成功者，走过之处皆是路"

副题："东风标致307，保时捷技术Tipronie变速箱"（北京晚报2005.3.22）

东风标致307轿车的3则广告标题都不是常见广告的诉求点，表达的内容似乎微不足道，比起车的安全、坚固、动力、速度、节能、款式、价格、舒适等方面，在车的价值链中不值得张扬。但是，正是这点细小的与众不同，造就了市场上差异化卖点，显示了该车整体配置科学、先进、精美的内涵。细微之处见品质。

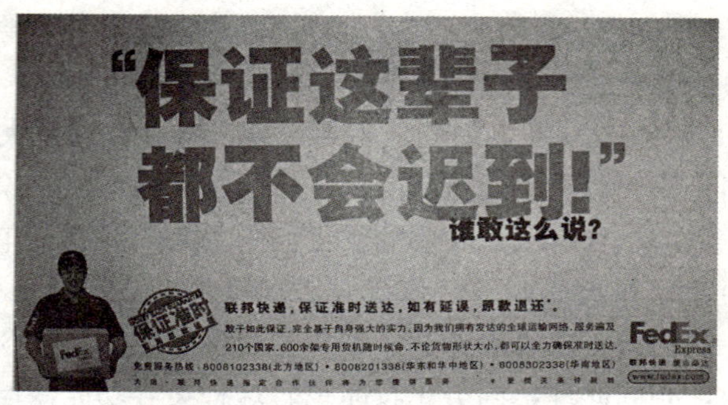

主题："保证这辈子都不会迟到！"

副题："谁敢这么说？"　（半岛都市报 2002.9.25）

广告标题语，以回答消费投递者最为关心的准时问题，坚定果断，口气不容置疑。谁敢这么说？只有联邦快递。敢于如此保证，完全基于自身强大超群的势力。联邦快递拥有发达的全球运输网络，服务遍及 210 个国家，600 余架专用货机随时候命，为你提供迅速可靠的快递服务。不论货物形状大小，都可以全力确保准时送达。

努力发现事物之间的区别与特点，体现科技创新的进步，在商品本身，商品的经历，制造商品所用的材料，制作过程与加工特点，制作者与经销者的实力、信誉、形象，市场供求及同类竞争情况等信息内容方面找出市场个性亮点。像耀眼的钻石，一点光辉，将所有目光汇聚一身："只不过多一点，却让更多人，留意到更多……"

5. 共性衍化为个性

细微差距优势造就广告标题鲜明个性。而在市场商品同质化现象中挖掘出产品共有东西，或是竞争对手忽略的卖点，也能创造出独特的广告标题，创造出优势市场。

大卫・奥格威说过，大部分撰稿人的结论是，向消费者讲各种品牌的共有东西是毫无意义的，于是他们专说那些微不足道的不同之处。而奥格威却往往反其道而行之，趁机先入为主地把广告产品的优势或共有的特点深植在消费者的心中。

“如何让 35 岁以上的女人看起来更年轻！”这是大卫·奥格威为美国一家化妆品公司所写的广告标题。针对特定对象一针见血地点出 35 岁以上或接近 35 岁的女士们所关心的问题。年轻美丽是女人一生中最重要的问题，弹指一挥红颜老，尤其到了 35 岁左右的年纪，即担心自己人老珠黄，不再有女性的魅力。古今中外女人人同此心，心同此理，同类化妆品也有这种美容功能，但没有谁去触及女人这根敏感的神经。看似平淡的，但对切身关系的女人确实是独特的。

“科学派”鼻祖霍普金为喜立滋啤酒提炼的广告主题是“喜立滋啤酒瓶是经过蒸汽消毒的。”

实际上每家啤酒厂都是这样做的。霍普金却认定，实际作业倒是次要的，重要的是别人没有这么说过。这样宣传，它让人产生其他厂家的啤酒瓶子是没有用蒸汽消毒的错觉，同时共性的东西，先发制人抢占了市场，在霍普金斯的策划下，喜立滋啤酒由原来的第五位跃升为第一品牌。

标题:“是健康，让欢笑充满每一天。”（青岛早报2003.6.16）

标题:“专注信念，让健康完美展现。”（青岛晚报2003.10.22）

标题:“给健康还以颜色”（半岛都市报 2010.4.15)

这是安利纽崔莱营养保健食品的广告标题语，其诉求点或主题卖点是任何营养保健食品都具备的“健康”功能。

文案中描述：纽崔莱——全球性的营养保健食品品牌，一直专注于从种子到成品的每一步；从严格筛选种子到细心培育幼苗，从悉心栽培天然植物到精心提炼营养素，最后到制造出优质的成品，每一个细微环节均体现了专注精神，让纽崔莱以荟萃自然的精华和科学的精粹，让健康展现完美状态。

广告塑造了安利纽崔莱保健食品的健康形象，这与国产众多营养保健食品的宣传不大一样，他们更多是宣传产品所含营养成分，诉求的是超越一般的功效，甚至是一些特别的疗效功能，似乎健康问题太浅显了，不值一谈。“有健康，才有未来”的理念，恰恰击中了关心健康的中产阶级消费者心理。纽崔莱也以产品优秀品质与健康的品牌形象，赢得中国市场，2001 年，安利在中国实现了 40 亿元的营业业绩，2002 年拥有了突破 57 亿人民币的不凡业绩，2007 年业绩销售额达 144 亿元。

6. 创造商品附加值

市场上充斥着趋同类似的商品，大部分新产品来自新企业但他们的产品却不见得创新，可能是某种产品的衍生物，或只是用来打入市场的主导品牌。这些同类产品在消费者中形象不同，往往是广告创造的。广告能赋予产品“附加价值”，给予同类型相同产品好过其他产品的“形象面貌”。一个生动而好记的广告，本质上便能成为产品的利益点，能使房子舒适自然，车子驶来更平稳，食物更美味，啤酒加倍香醇。标题具有这种创造附加值的功能，塑造“产品形象”。

例如，2000 年北京“东润枫景”的广告宣传（国际广告 2001.7），就是赋予楼盘人文个性，体现一种居住文化和生活方式。

其广告标题分别是：

“冬日阳光从窗外溜进来，暖洋洋的情绪在家里悄悄滋生”

“我不在家，就在咖啡馆，不在咖啡馆，就在去咖啡馆的路上”

“这里，‘慢’是生活的调子”

“这是法国的枫丹白露，北京的东边也有一片这样的树林，这里有生活，有艺术，有美，唯独没有压力”

“生命，可以浪费在美好的事上”

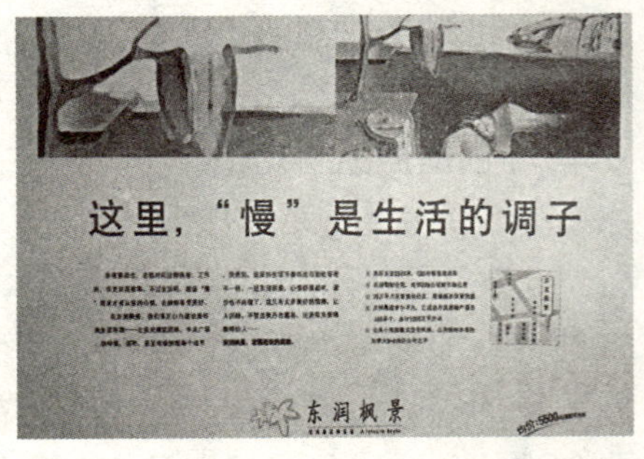

广告画面不是楼盘照片，而是与广告标题语相呼应的名画，或是本土生活情趣浓郁的元素，渲染出休闲生活情调。文案标题散发着幽雅、自然、休闲、现代气质，体现一种中产阶级消费群的价值观、审美兴趣与生活方式。他们有文化，有审美鉴赏力；懂得享受生活，有生活情趣；有独立的思想，有自己的生活态度。他们休闲以旅游、读书、听音乐、看影碟、会朋友、体育健身为主，优势的物质生活条件却以长期超时、超负荷工作为代价。广告赋予“东润枫景”人文性的“一个适合生活的地方，”塑造特别符合中产阶级审美消费需求的产品形象。卖的不是房子，是生活。

广告标题：“体验家的舒适，也可以在路上”（青岛早报2003.10.30）。

这则“爱丽舍”轿车广告精心打造家的舒适与温馨：“轻枕着微风，沉浸在暖暖爱意中……如家一般的舒适感受，就在爱丽舍轿车里！爱丽舍X、SX16V、VTS缤纷车型，以您对家的需求精心打造，秉承法国雪铁龙的幽雅气质，满载温馨与浪漫而来，航空式仪表板，操控按钮触手可及；以人体工程学原理设计的座椅，轻柔舒适；路上表现平稳顺畅，为您全家营造宁静、惬意的驾乘空间。”

标题：“视线的高度就是生活的高度”（半岛都市报2003.9.23）。

标题：“尽享尊崇便利，俯瞰都市繁华”（青岛晚报2003.9.29）。

这两则房地产广告，正文除介绍地角、交通、价位、购物、休闲便利外，重点宣传居高的优越感，那是一种感觉，如文中所述：“当我倚窗而立，悠悠品味着，手中醇香的蓝山咖啡，近观山峦叠翠，远眺帆影点点，我忽然明白，这就是我想的感觉，这一刻，我的心已经飞了起来。”这对白领阶层消费群体是有诱惑力的，一种精神上的满足。

不同商品可以突出不同的商品个性，同类商品通过广告创意，也可以突出各自的信息个性。创造商品附加值并优化为鲜明特色，标题所展现的往往并非物质层面的要素，而是非物质方面的东西，它也许是一种感觉，一种生活态，一种时尚或者是概念，与消费者需求和情感密切关联，并有感染性及号召力，是一个企业或产品品牌形象中最具亲和力的精神魅力，是它充实并完善企业形象，或与消费者一起塑造出产品品牌个性。

三、震撼性

2008年5月12日14时28分，汶川发生特大地震，山崩地裂，8万多人顷刻殒命，山河齐哀，举国同泣。然而当擦干眼泪，从剧痛中醒来，爱心集结号已吹响："情系汶川，大爱无疆。""汶川，加油！四川，加油！中国，加油！"呼喊声响彻中华大地。看到的是大爱无疆的救援，是无私奉献的人性光辉，是政府与群众血脉深情，是手足同胞血浓于水的真情，是一方有难、八方支援中华民族的强大凝聚力。时过境迁，但依然能从广告中感受到它的力量！

震撼力是新闻不可缺少的要素，也是优秀广告标题的显著特点之一。现代人处在各种信息的狂轰滥炸中，广告要抢人眼球，抓住消费者，标题需有一瞥之间目瞪口呆的效果或惊世骇俗的冲击力，让麻木的神经立即警觉起来，为之一振；让散乱游览的眼光聚集一点，睁大眼睛屏息吃惊。如早春雷电，骄阳暴雨，幽谷虎啸。

《广告创意设计》一书中指出，广告标题有力量要具备三个条件，（1）使读者知道会带给“利益”；（2）能够满足他的“好奇心”；（3）告诉他“新知识”。以广告效果而言，兼具“利”、“奇”、“知”三者，算是最有力量的。

从传播及受众心理而言，震撼力源于广告标题创作或表现所具有的重要性，显著性及反常性。

1．重要性

受众获知信息，并非照单全收，往往只选择那些与自己相关联的重要信息。重要的，是那些社会层面或局部影响深广，受众关注程度高，牵涉利益大的信息。它可能是传播的事件，如技术创意的重大突破，填补空白式的产品开发上市，营销活动的惊人举措，市场特大利好资讯，或者是信息发布的观念现象让受众关注震动，如生活概念对现实的影响，时尚流行对传统习惯的颠覆，消费意识对生活方式的改变……这些被关注的重大信息所产生的影响，对社会层面或受众而言，有些是现时的，有些是长远的，有些是明显的，有些是潜在的，有些是局部的，有些是社会性的。

例如，下列广告标题：

法尔芙化妆品广告标题：“是她拯救了我们国家的脸”

环保公益广告标题：“你的尿比15亿人喝的水还要干净”

英国航空公司广告标题：“全球最大的馈赠”（主题）

“英国航空公司将向全世界免费赠送5万张机票”（副题）

海尔采力保健品广告标题：“采力突破亚健康”

扶螨灵广告标题：“现代居室惊现新虫害”（主题）

“调查显示：成年人螨虫感染率已达97%”（副题）

脑白金广告标题：“人类可以长生不老吗？”

这些标题信息让不同受众或消费者注目，是触及人们生活中所关心的或重要的东西，与自身利益及生活环境相关联。

“牛肉在哪里？”这则用力喊叫的广告标题语，曾引起当地受众的强烈反响。1983年美国农业部的一项调查表明，麦当劳的双层4盎司肉馅的巨型汉堡包的含肉量从未超过3盎司。麦当劳缺斤少两，而在快餐业中后起之秀温迪公司，在牛肉馅分量上比对方多出零点几盎司，其营业额已近麦当劳的1/4。

温迪公司抓住时机，辛辣地挖苦“麦当劳叔叔”损害消费者利益的行为。1984年美国出现一则电视广告，标题：牛肉在哪里？内容是3位年近80岁的老太太坐在又高又大的柜台前吃午餐，她们要的是面包夹牛肉，但送上来的只是又厚又大的圆面包，找来找去，甚至爬到桌子底下去找，也找不着应该夹在面包中的牛肉。于是一位老太太气愤地对着镜头大喊：“牛肉在哪里？”接着幕后声音（旁白）告诉观众说：“如果这3位老太太去温迪吃午餐，就不会发生找不着牛肉的情形了。”

这则广告引起当地受众，尤其是汉堡包购买者的强烈反映，温迪公司大幅提高了产品的知名度与美誉度，其营业额比预计的提高了18%。“牛肉在哪里？”也成为美国当时最流行的口头禅。

这是一则震撼人心促使投保的广告，展示的是潜在的危险，一幅令人印象深刻的画：一叠台币在烈焰中燃烧……下面配一句广告标题语："当你成为灰烬后，请把经验告诉别人……"

保险涉及生产及财产，是生活中一件大事，但是许多人似乎漠然视之，除了有钱老板或中产阶级外，一般蓝领人士"今朝有酒今朝醉"，不考虑将来命运如何。京华保险公司针对大众心理，用一种强烈语言效应及画面效果冲击大众漠然的心：不投保，出了事与烧钱无异！这广告一见报，震撼了人们，吸引了普通百姓的注意力，人们望着这悸人的一幕，一种生存的不安全感油然而生，对投保，立刻有了新认识。

"你将亲眼目睹一宗罪行！"这是一则注目率高、警示性强的广告标题。

美国的旅游支票多种多样，存在着激烈的竞争。美国有家大银行，他们做广告不但要有竞争能力，还要有大银行的派头，镇得住人。广告部主任要求："要像麦当娜上街一样具有尽可能高的注目率和回头率！"创作人员寻找创意点时，在街上他们发现了一个被揪住的偷钱贼，引来了一大堆人，便创作了一幅广告画：一个扒手正在摸旅客的口袋。并配上一句标题语："你将亲眼目睹一宗罪行！"

这幅触目惊心的广告果然引来较高的注目率，旅客自然会发出还是用旅游支票保险的感叹。否则，下一个被偷的可能是自己。

"难道你不要脸吗？"这不是谁在责问，而是一句别出心裁的广告标题妙语，它宣传的是新加坡碧丽美屋美容中心的美容服务。

广告的画面是一位身材苗条的女模特，手持一束鲜花，把整个头部、脸部都遮盖了。一双纤细的腿交叉屈膝，高高地坐在一张中国传统式的雕花枣木高圆椅上。在一束强光的照耀下，女模特掩脸无语，黑色的背景下是"脸"和"人"的回答。最明显的文字，就是一句标题语："难道你不要脸吗？"

这则广告出现在20世纪90年代初期几家新加坡的华文报纸上，引起一阵不小的轰动，画面设计独特，语言双关奇妙，它触动了人们极为看中的“脸面”问题，语言上大胆使用了中国人不爱听的话，从而产生了一种震动人心的效果。

广州蓝色创意广告公司策划设计的“广州正在吃它”为标题的系列广告，夺得1994年度《广州日报》优秀广告商品类金牌奖。这则广告的成功来自两个方面，其一，有强烈的感染力与震撼性；其二，有明显的促销效果。

“广州正在吃它”，是为广东金福米业有限公司所做的促销广告，在“广州正在吃它”这个总标题下，由10幅广告组成，每幅都有修辞格式相同而内容各异的广告，以大排比的方式造成语言感染力。广告一发布，就产生了轰动效应，人们对“广州正在吃它”这个标题议论纷纷。米店售货小姐说：“好吓人！”热心的语文老师说文句不通，最好改成“广州人正在吃它”。

据统计，1994年金福米销售是上一年的2.2倍，“金福米”被全国食品协会评为全国性名牌且在广州市米、面类品牌中位居第一，更可贵的是，广告冲击了陈旧的大米消费习惯构建了一种新的消费观念。

理性光芒。广告标题中的理性是一种升华的生活态度和处世方式，是社会实践经验的提升或现实生活的感悟，是对生命本质的体验或社会历史的感知，朴实的箴言，赤裸的情感，透出思辨性的哲理光芒，真理在实话实说中闪烁。有较强的概括性与感召力，往往成为受众审视生活，审视自我的社会参照。

如东风标致汽车三则形象广告，标题分别是：

“思想决定发展方向”

“人类的创造力从双手解放开始”

“前进是永恒的真理”　　(北京青年报 2004.4.20)

像是说教布道，却句句是大实话，广告从直立行走式的狮像标志的图底中映出的文字，读之不是哲学课堂上的感受，而是对生活切身的认识与提高，在宇宙中，人与它类相比，全部尊严就在于思想，思想形成人的伟大，有多大的脑袋就能创造多大的成就。

帝王购物广场广告标题，引题：“你现在的决定，首先是为了自己和家人，同时也成全了子孙”，主题：“谁说富不过三代？”（半岛都市报 2002.8.19）

对传统生活观念说不！坐吃山空纵有家财万贯，才可能富不过三代。可现代不一样，投资帝王购物广场，如开家银行，不会重蹈坐吃山空之辙。同样是投资，形式不同结果迥然不同。

日本星辰手表广告标题：

“在时光的流逝中，女人呼唤着爱；在时光的流逝中，男人感叹人生。”

在“逝者如斯夫”的光阴中，男女心态感受如此哲理般升华，像名言让人难忘。欲望使男人的生命呈现出追求与创造，爱是人生的一部分，而不是全部；女人的人生，则是爱与被爱的过程，正如拜伦所说：“男人的爱情是与男人生命不同的东西；女人的爱情却是女人的整个生命。”而日本星辰手表，则是这男女世界人生进程的见证者。生命有尽时，“星辰”依然闪烁。

这是第 11 届中国广告节获奖作品百仕达地产广告，两则标题语，看后能让人仰望天空，生发理性思考。

2. 显著性

显著性是指广告标题具有引人注目的非同寻常的特点，利用自身的知名度或事件所具有突出性市场价值，造成社会影响及受众普遍关注。

“名人效应”，是商家常用的市场手段（广告中随处可见）。第二次世界大战的停战协议是用派克笔签署的；尼克松访华，送给毛泽东的礼品是派克笔；美国发现号太空穿梭机在太空探险时，用派克笔做实验品；里根给戈尔巴乔夫送礼，又是派克笔……正如派克公司一句著名广告语：“总统用的是派克。”

声名显赫，成就卓越的名人似乎是高品位，高档次尊贵成功的典范，很大程度上成为普通公众生活中想象的标尺和参照，甚至是崇拜者的偶像，他们的社会活动一举一动备受关注，并影响着社会。因此商家不惜血本用当红明星做品牌代言人、形象大使，以达到所产生的市场效应。

2003 年百事可乐搞新型大赛活动，10 月山东市场拉开战幕，10 月 2 日青岛各大媒介刊出标题为“百事周杰伦，超级巨星见面会”的整版广告。其正文内容摘要如下：“RB 时代的天王巨星，渴望无限的完美代言，百事周杰伦炫目登场 。亲密亲切的互动游戏，偶像亲笔签名礼品现场送出。真真切切体会与偶像同台感觉，实实在在感受心动心跳的不同凡响……”

《半岛都市报》在刊登该广告的同时，又在文娱新闻版刊出一则消息，正题为“大酒店争抢周杰伦”，副题为“海天大酒店一举中标”。海天大酒店是青岛五星级涉外宾馆之一。

从广告宣传到新闻消息，可以看出超级巨星周杰伦的巨大社会及市场的影响力，似乎凭空引爆了一颗炸弹，其热力与辐射远非一般名人所及。

“看！毛阿敏、那英……来了！”这是 2000 年 7 月 24 日《青岛晚报》刊登的广告，介绍第二届中国青岛海洋节闭幕式“琅琊台之夜大型歌舞会”，毛阿敏、那英是那时大陆天后级歌星，标题直指受众关注点，增强广告的市场感召力。

欧米茄手表广告标题：“琦琦与任达华的选择”（青岛晚报1999.2.25）。形象大使任达华与名模太太琦琦小姐，亲临青岛亨得利欧米茄专卖店做展销开幕式主礼嘉宾，及买表亲笔签名活动。

这些影视明星作为注目率较高的社会公众人物，在媒体上的言谈举止，往往成为受众关注的热点，他们对产品的选择或推荐，对消费者富有引导性或潜移默化的影响力。

1979年7月7日《朝日新闻》上刊登了一则丰田汽车的广告，标题为“百惠红菱艳”，广告宣传的产品是两种新型的小轿车。引人注目的是在整个广告画面上，主要图像是山口百惠小姐，而两部套红印刷的小轿车，却成山口百惠的一双“红色的鞋”。这则名人效应的广告引发了众多日本青年因崇拜山口百惠而购买丰田小轿车的热潮。

为取得消费者对商品的信赖，广告商经常请名人来为产品作证，知名度越高形象越佳者，其收效越大。

由于美国毛巾与床单的市场竞争激烈，许多厂家削价销售。Canon公司是美国四大床单与毛巾制作厂之一，为建立该公司高品质高品位的形象，以便与一般低价位的商品有别，1983年的冬季推出了一系列富有创意的名人证言广告。

在浴巾广告方面，Canon公司找到著名歌星布鲁克·雷德丝，广告图案是：请她把Canon浴巾围在身上，而标题则是“两位美国知名度最高的名人在一起洗澡”。

在毛巾广告方面，Canon公司找到了著名厨师詹姆斯·比尔。广告图案是：请他把Canon毛巾披在肩上；而标题是“两位美国知名度最高的名人在一起煮饭”。

在床单广告方面，Canon 公司找到著名谐星鲍伯·霍伯。广告图案是：请他睡在铺有 Canon 床单的床上；而标题则是“两位美国知名度最高的名人睡在一起”。

以标题为“两位美国知名度最高的名人”系列广告推出后，不但震惊了同业，而且一年后 Canon 公司在全美 13 亿美元的毛巾市场中，占有率从33%提高到45%，而且在全美12亿美元的床单市场中，占有率从 13% 提高到 30%（《创意学全书》）。

名人广告是把双刃剑，名人与做广告的产品或企业之间，一方的形象的好坏直接影响另一方的荣辱，可以说一荣俱荣，一损俱损。所以好的产品必须有好的名人去衬托，名人形象要适应产品特点，才能锦上添花；同时，名人也要有选择性的代理，免得被广告毁了自身的公众形象。2004 年 8 月份媒体报道了北京市消费者协会发出的《致社会名人、明星的一封公开信》，建议“明星拒绝做虚假和可能对消费者进行误导的广告”。

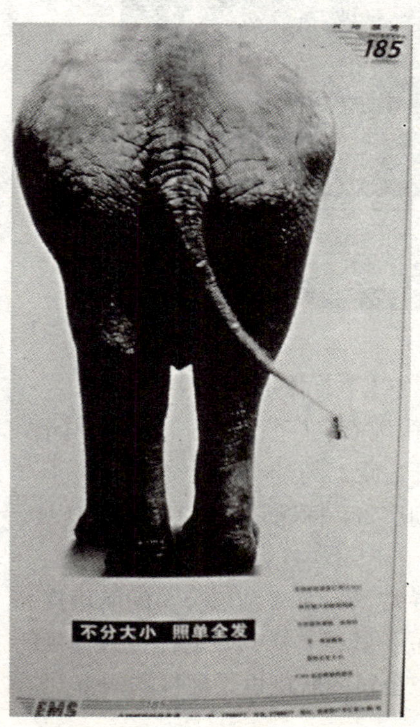

显著是超越一般与常规的突出，像羊群中的骆驼，突出越大，对比越明显，其显著性越强。如下面几个广告案例：

主题：“一项专利赢得 20 个国家订单”

副题：“——海尔数字全平拉幕式彩电‘拉动’国际大市场”

这则广告刊登在 2000 年 7 月 7 日《青岛日报》上，海尔集团凭借这项拉幕式开关专利技术，在彩电市场上也创造了一项淡季热销的“专利”。这项专利的最大特点是用高技术解决了长期以来困扰消费者的“电视轰击症”。

“电视轰击症”，即普通彩电每次开关机时瞬间电压的作用使电子束对显示屏的中间区域形成强烈冲击，导致显像管逐渐老化，同时产生的强点大大刺激人的眼睛，使视力下降。海尔拉幕式彩电在开机时，清晰画面从屏幕中间像舞台拉幕一样徐徐拉开，关机时如戏台落幕从两侧向中间合拢，开关机具有舞台的艺术性。

引题：“1218 特快洗”

主题：“高速甩干 衣晾可穿”（半岛都市报 2002.9.11）

这是海尔 1218 特快洗系列滚筒洗衣机广告标题，“高速甩干，衣晾可穿”的特点与同类产品拉开差距，超越一般。

荷兰某航空公司做过这样一则广告，标题是“从 12 月 30 日起，大西洋将缩短 20%”。

大西洋怎么会缩短呢？太不寻常了。原来是该公司的航班提高了速度，节省了时间，不就像缩短了里程一样吗？这样打破常规的广告标题很有吸引力，一时该航空公司的航班机票被订购一空。

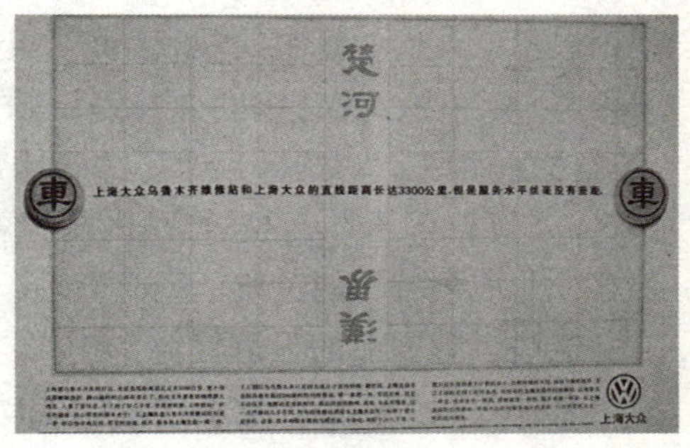

2006 年湖南卫视大型娱乐节目“超级女声”，为爱唱歌的普通年轻女性提供一个追求梦想的舞台。随着其“超级女声，想唱就唱、唱得响亮”的广告语响彻大江两岸，引发一场“女声热”。“亲友团”及“粉丝”随着节目行程，选拔、初赛、复赛、总决赛等层层淘汰赛参与其中，娱乐追捧手机短信消费形成节目前所未有的互动效应，其热烈程度成为当年一大景观。媒体也赚得盆满钵满。广告中的“超级女生”与“超级女声”对比效果强烈，那上学的渴望更该得到社会捐助；“她也是女生，谁来更多的关注她?!”标题语问得振聋发聩。

全国第四届广告银奖获得者上海奥美广告有限公司，为上海大众汽车维修服务中心创作的广告：在棋盘上，只有两个“车”占据着各自的“将”位，中间是一个横跨楚汉河界的标题：“上海大众乌鲁木齐维修站和上海大众直接距离长达 3300 公里，但是服务水平丝毫没有差距。”这种距离的对比反差把服务水准衬托得完美无缺。

用对比的反差突出产品的优秀，比较中显示高人一筹。1966年蔻蒂公司推出冷霜系列唇膏，极欲在各种口红品牌专柜中赢得女性青睐，乔治·路易斯创意设计的广告是：在彩色跨页稿的左页，标示着“使用前”的喜剧女星艾莉丝·皮尔斯正在涂口红的特写。艾莉丝是位可爱滑稽的女士但非美女，她受酷刑般的脸，勾勒出渴望美丽的绝望女子的喜与悲。在右页上则表示了“使用后”，印着年轻性感的乔伊·西丝顿的特写。跨页的标题直接写着：“蔻蒂唇膏把艾莉丝·皮尔斯变成……乔伊·西丝顿了。”前后对比，广告产品效果的真实感当场凸显出来。

品牌形象越出众，品牌知名度越高，标题的广告效果就越显著。品牌是产品的形象标识，是存在于消费者脑子里的一种抽象概念，一种区别性标志。市级的、省级的、国家级的、全球性的，品牌的阶梯等级自然形成市场上消费者选择差别。著名品牌的巨大影响力，源于消费者的忠诚度，这是品牌最大的无形资产。据调查，“耐克”、“宝马”、“苹果”的品牌价值占到公司市场资本总额的77%。一项调查显示，人们心目中的理想品牌：电脑，IBM；电视，“松下”；冰箱，“海尔”；洗衣机，“小天鹅”；轿车，“奔驰”；移动电话，“摩托罗拉”；西服，“皮尔·卡丹”；牛仔服，“苹果”；手表，“劳力士”；饮料，“可口可乐”。这些产品因品牌著名而罩上耀眼的光芒，成为各自行业或领域里的英雄，驰骋商场。

这些名牌产品的显著优势，使其广告或标题自然带有与众不同的“名牌效应”，即使它们的广告活动是普通的举措，标题内容没有特别的重大新奇信息，也会受到消费者的关注。

例如，皮尔·卡丹服饰广告：

标题：“皮尔·卡丹女装秋冬产品大型特卖”

标题：“皮尔·卡丹针织羊毛衫系列产品隆重上市” （半岛都市报 2003.9.23）

这两则通栏广告，如果是一个名不见经传的品牌服饰，也许没有做的理由，因为它是著名品牌，依然会受到白领或金领消费群的关注。

鄂尔多斯羊绒内衣广告标题：

正题："鄂尔多斯高支精纺羊绒内衣"

副题："贴身穿着，贴心呵护" （半岛都市报 2003.11.4）

名牌产品，加温情诉求，自然能打动目标受众的心。

同类产品的市场竞争，在性能、外观、服务、价格大同小异的情况下，是品牌的竞争。国际名牌，中国名牌，一般品牌，所产生的市场消费效果不大一样。名牌的级别越高，美誉度就越高，市场影响力就越大，广告标题效果就越显著。如下列 3 则电冰箱广告标题：

正题："海尔变频冰箱"

副题："变出生活好味道。" （半岛都市报 2003.12.12）

标题："冰箱之美，海信节能蓝贵人" （青岛早报 2003.11.21）

引题："质量为本，表里如一"

正题："澳柯玛电冰箱 2004 新款上市"

"海尔"、"海信"、"澳柯玛"都是青岛产的家电名牌，同为国家驰名商标。同类产品在同一市场竞争，就品牌而言，"海尔"更有竞争力。海尔，作为中国家电业第一著名品牌，2004 年 1 月份，世界最具影响力的 100 品牌揭晓，中国海尔唯一入选，历史性地成为世界著名品牌。无形中提升了市场效力。即使一般产品，贴上这个标签，也会身价陡增，像一个平民，头戴皇冠龙袍加身一样，其影响力与号召力，天地之别。

3. 反常性

足球为什么最令人着魔，让人狂热，研究发现，决定各类球赛的"人气"如何和提升魅力指数的关键，在于球赛进行时能给球迷带来多少意想不到的“惊喜”，足球比赛是最没有规律可言的，带给球迷的意外最多。而广告受众或消费者同样需要这种意外的惊喜。

反常性，即广告标题形式或信息内容，突破传统与习惯，不合常理与世情，有违既定思维模式，超凡脱俗，追奇求异。罗素说，反常虽然并不就是创造，但是许多创造必须打破传统，显得十分反常。它能搅乱你正常的神经，使你目瞪口呆，眼睛发光，心灵震撼，触动千百万人的意识并采取行动。就这一点看“广告是打破成规的艺术，而非适应定律的科学”。

能产生震撼力的广告，其标题往往具有反常性特征，表象在意料之外，本质的在情理之中。

有一种治疗秃头的绵羊油，它的广告标题是“你见过秃头的绵羊吗？”

当然没有，以此“逻辑推理”：既然绵羊确实没有秃头的，那么绵羊油想必也可以治疗秃头了。人和绵羊本没有可比性，广告标题诱导性的暗示恰恰又作了动物性的类比。

明贬实褒，英国苏格兰航空公司做过这样一则广告。广告画面上空中小姐面容宛若天使，背后的小旅客与她亲密拥在一起，而标题却是：“菲娴娜·麦茵桃，世界上最令人痛恨的空中小姐。”

这种标题对画面形象截然相反极为矛盾的评价，让你看了一愣，之后才会体味到它巧妙地暗示了该航空公司由于服务等方面都超人一等，赛过竞争者，招致竞争对手嫉妒、痛恨。

“创意的本质，就是改变，威力更大的，就是颠覆。”美国广告首席创意指导，叛逆大师乔治·路易斯便是离经叛道，标新立奇的伟大实践者，向惯例、传统与趋势说“不”。

主题：“我要我的麦宝”

副题：“英雄也会哭着要玉米片”

这是他1968年为麦宝玉米片制作的30秒的电视广告标题。通常这种产品的广告会做成一个小孩哭哭啼啼地向他的妈咪吵着要“麦宝”，但他硬是将这种广告做了180°的转变，它不再是小孩的哭诉，而是用一群大个子的职业运动超级星为“麦宝”促销，卖给小个子5～12岁的儿童。这些反常的令人震撼的明星，在画面中喊着要麦宝玉米片，并掉下最生动的眼泪。他们靠这句标题语卖出了许多玉米片，而这句广告标题语也成为各地商场的流行语。

惊世骇俗的力量，有时不在广告标题语的老辣冲劲，淡淡的几个字，似呵护，如陈酿，也会让七尺男儿发晕。“其实，男人更需要关怀”就是这样一句话。

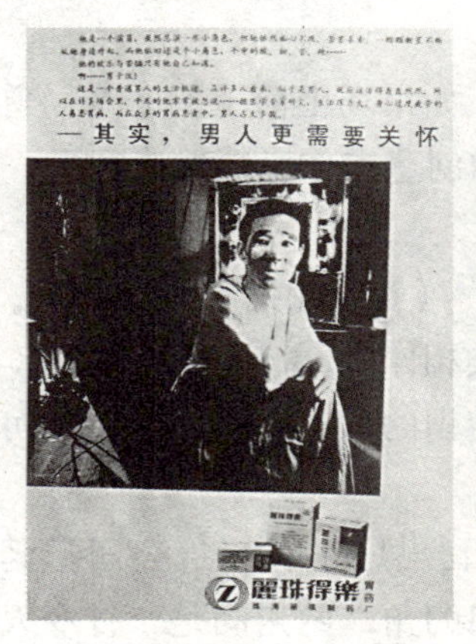

男人在传统文化角色中，在许多人眼里，他应该是顶天立地的无畏者，在社会里他是横刀立马的战士，事业的拓荒者，活得轰轰烈烈，在家里他是供妻儿老小庇护的大树，坚忍不屈的男子汉。基

于这种意识与惯例，广州市旭日广告公司为“丽珠得乐”胃药做广告时，反其道而行之，推出标题为“其实，男人更需要关怀”的系列广告，一种惯常的诧异，引起轰动，尤其令人感慨。广告不仅产生极大的促销效果，广告标题语的逆向新观点，也成为社会流行语。

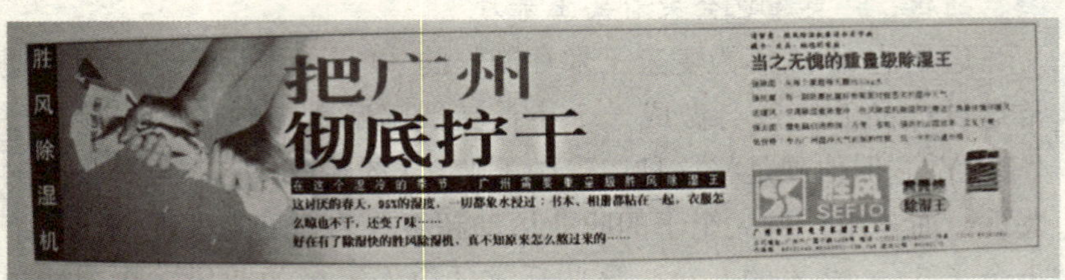

主题：“把广州彻底拧干”

副题：“在这湿冷的季节，广州需要重量级胜风除湿机”

这是获得第五届全国广告金奖的作品，胜风除湿机广告。广州历来潮湿多雨，人所共知这是地理环境造成的，“把广州彻底拧干？”似狂人疯语，广告的成功恰在开场的震撼到明白原委的短暂间隙中，立即抓住了你，是智慧的疯狂。

有些广告标题新奇异类，令人咋舌，如市场上前卫的服饰，普通百姓尚用疑惑的眼光琢磨时，大师们的创意杰作已悄然流行了。

主题：“水往高处流，洗衣不缠绕”

副题：“小天鹅‘喷泉皇’闪亮问世”（青岛晚报 1999.3.4）。

水往高处流？似乎与水往低处流的现实相悖，“高”与“低”之别，引发观念意识大碰撞；洗衣不缠绕？有常识的人都知道，这怎么可能，稀奇！

1999 年第 3 期《国际广告》杂志上刊出广东省广告公司招聘广告，不同凡响。广告画面上有两个相向的角，两角间是一行令人注目的标题：

主题：“你长着麟角和棱角吗？”

副题：“回答是的人请来中国本土最大的两家广告公司之一”。

广告创意设计脱俗，标题有棱有角，在平庸众多的招贤纳士的广告中，给人新奇之感。

广告“‘闲’妻良母”，1981年获台湾最佳报纸广告金像奖，被视为成功广告范例。正题：“‘闲’妻良母”；副题：“单槽海龙独创63种全自动洗法，让你有更充裕的时间照顾家庭，当个真正的贤妻良母！”左边彩色的画面上是一位贤妻微笑着教女儿写书法“贤”字，右边是海龙洗衣机功能文案与图片。

该广告的成功关键在于标题上的一字之差。在传统的文化语言成语中，“贤妻良母”有独特的东方文化内涵，这四个字是约定俗成的习惯成语，把“贤”字变为“闲”字，视觉新异，感觉不凡，瞬间抓住注意力。正题与副题的搭配，画面与图片的映衬，把“闲妻良母”的创造者，海龙洗衣机表现的让人心动神思。

一个悬念疑问或问题的标题，再配上一幅独特的创意图案，更能产生令人好奇惊异的效果，获第28届美国莫比广告金奖服务类银行广告“嘿，剩下的怎么办？”就是一例（国际广告1999．3）。

广告版面左边，是一只刚刚剔去半身毛站着的绵羊，羊毛掉在地上，被剔去毛的羊身上写着标题字：“嘿，剩下的怎么办？”右边是回答问题的商战实例文案：非常集团属下的巴西最大食品公司

之一圣蒂塔急需融资几百万美元。因众多圣蒂塔公司进口商对风险的顾虑和政府融资法规的严格限制，筹资在11月底陷入僵局，离规定期限只剩下1个月了，DKB银行及时介入，选定一家信用好的美国进口商，并凭借多年来与政府机构的密切关系，终于使筹资在本年度最后一个营业日获得许可。教训很简单：开展项目的最佳途径是找一个像DKB银行这样能帮助您完成项目的合作伙伴。

1999年法国戛纳国际广告节评委会主席，美国最大的广告公司DDB主席兼总裁凯斯·瑞荷德先生在谈到他们的评审标准时说：“我们奉行的原则是，每一条广告必须有一种良好的震撼力。没有这种震撼力，这条广告很可能就属于那种平庸之作。”（现代广告1999．8）广告标题更是如此。

震撼的力量，源于对程序的挑战，习惯的改变，传统的颠覆，超越现实追求卓越的创造，有的是以重要信息为主，有的是以显著的要素为主，有的是以反常新奇为主，但更多的是三者相互关联，汇聚构成一股力量，呼啸着冲向市场，如奔涌出涧的激流，直落千丈化为蔚为壮观的瀑布。

震撼性的广告标题，基于不凡的创意，不管广告标题信息携带的事实内容是否有爆炸性，还是抽象的现象概念，它必须与消费者的生活、利益相关联，与他们那根敏感的神经，引发共振，才能形成轰动效应。

四、人情论

中国是礼仪之邦，“仁、义、礼、智、信”的处世哲学影响久远，泛人伦道德的价值观浸润在社会各个层面，生活中一切都带着浓浓的情感色彩。广告标题的人情魅力在于它的共鸣性和易接受。乡情、亲情、爱情、友情，以及节日等都会成为商品或服务的有效诉求点。尽管形式不同，最终都是以感情的力量赢得消费者和市场。

1. 中国人的价值观及人情特点

价值判断，价值观念及价值标准是一个民族文化长期积淀的具体态形，它表现在诸如人伦道德、风俗习惯、是非善恶、爱憎美丑、礼仪服装、生活消费等社会各方面，在这块文化土壤中滋生的人生观、自然观、道德观、审美观等方面的价值趋向都带有自身的民族特色与“国情”。

中国传统文化的价值系统是以道德价值为核心，由它向外衍射，影响并扩及所有的价值活动。“亲亲”与“孝”是道德价值观的核心。就人与人，人与社会的关系而言，传统的人生价值观，孔子“仁”的思想，墨子“兼爱”思想，作为传统文化影响深远，并用道德价值判断人生价值，道德判断成为是非美丑的标准。要求“堂堂正正地做人”，勤恳、奉献、创造、献身等精神，又要求忠信、孝亲、克己、忍让等观念。

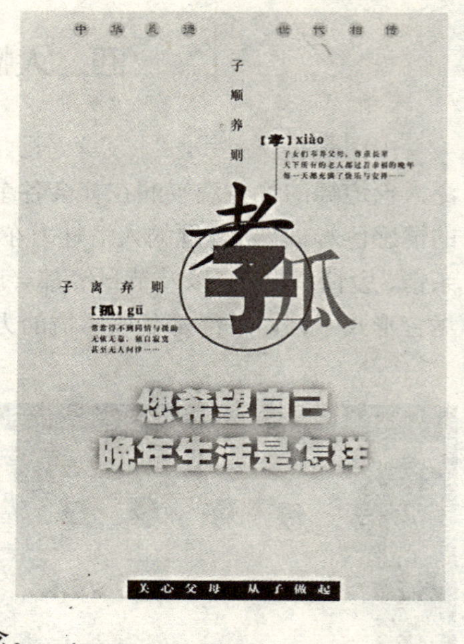

中国文化的自然价值观核心是“天人合一”。对自然宇宙强调天、地、人共存共荣，视万物皆为友情，即所谓“天地合情，万物化生，”并肯定自然界有表现至善至美的价值。

审美价值观，儒家的美善统一论，道家的自然观照物我一体，及寓情于景，情景相即的审美特点，人之情，即万物之情，万物之情，即人之情。西方的艺术源于科学，中国的艺术源于情意；根源于科学则重客观摹写，根源于情意则重主观的夸张。“情”是中国艺术的主要表现对象。

人情特点。人性之美在于“情”。有情有义就是“美”，也是好，合起来叫美好。无情无义，就是“丑”，也是“恶”，合起来就是“丑恶”，美好的事物人见人爱，丑恶的东西人见人憎，这是我们民族心里确立的“人性法则”。在这道德情感弥漫的社会生活中，中国人特别重人情，“人情”既是“人之情感”，也是“人之常情”，不仅遍布于艺术，也渗透于一切生活。中国的艺术、伦理、宗教、哲学、政治、经济、法律、教育往往可以还原为情感，或具有浓郁的情感性。佛家讲“慈悲”，儒家讲“仁爱”，政治上“以德服人，以柔怀远”，教育上“动之以情，晓之以理”，法律上“罪无可恕，情有可原”，经济上“情商”创效益，关系生金钱，艺术上“情”为永恒主题，做人讲“情”面，做事要有“人情味”……“情”无处不在，中国人生活在“人情”世界里。

情感认同准则。由于每个国家、民族和地区的历史传统、文化背景、宗教信仰、生活习惯及价值观念各有不同，决定了不同的消费者具有的风俗习惯、文化语言、价值观念及购买需求的差异性和购买行为的选择性，广告营销活动必须入境问俗，适应特定环境的消费文化，伦理道德，人情特点。

如美国可口可乐公司的Sprits饮料，在美国非常畅销，并想进入中国市场，而Sprite翻译成汉语意思是“魔鬼”，“妖精”。可口可乐公司的经营者们深谙中国传统文化与价值观念，了解中国人对“妖精”的憎恶，遂将Sprite谐音译为“雪碧”作为在中国使用的名称和广告宣传的内容特点，在汉语中有纯洁、清凉的含义，符合中国人生活习惯、伦理情感，产品很快走俏中国市场。

“钻石恒久远 一颗永流传”。这句意韵隽永的广告语，使经销商戴比尔斯20世纪90年代初在中国推广的钻石，短短几年，销量翻了一番。1951年，智威·汤逊芝加哥公司创作了戴比尔斯的英文广告语。翻译得如此完美的中文句式，其道德价值观和生活审美观体现了本土文化的特点，使它像唐诗宋词般进入中国人的情感世界。

广告的目的在于获取消费者信任并占有，而违背当地民俗民情的广告行为就是对消费者情感伤害。

例如，1993年初，日本某公司为了在泰国推销收录机，想出一个自认为好的创意高招：用释迦牟尼做广告。在电视广告上这位佛祖居然凡心萌动，全身随音乐不停摆动，最后睁开双眼。日本人想借此宣传自己的产品，岂料在佛教之邦的泰国，这则有悖当地情理的广告险些毁了某公司及产品。泰国人十分虔诚，对释迦牟尼非常尊崇，他们认为这则广告是对佛祖的莫大侮辱，因而引发国人愤怒。泰国当局通过外交途径向某公司提出抗议。

2003年日本丰田汽车公司两则刊登在《汽车之友》第12期上的广告，隐含“辱华”行为惹起风波。一则是“丰田霸道”广告，标题语：“霸道，你不得不尊敬”；配图：一辆霸道汽车停在两只石狮子之前，一只石狮子抬起右爪做敬礼状，另一只石狮子向下俯首，背景为高楼大厦。另一则是“丰田陆地巡洋舰”广告：插图为该汽车在雪山高原上以钢绳拖拉一辆绿色国产大卡车（与我国军用车相似）。

丰田霸道广告

广告刊发后，丰田汽车公司中国事务所接到很多质疑谴责电话。《汽车之友》杂志12月2日在网上公开刊登道歉信。很多网友认为，石狮子有象征中国的意味，广告却让它向一辆日本品牌的汽车“敬礼”、“鞠躬”。考虑到卢沟桥、石狮子、抗日三者之间的关系，更加让人愤恨，因为该广告侮辱了中国人的感情，伤害了国人的自尊。由此导致了丰田汽车在中国市场上美誉度下降。

2. 广告标题人情魅力

市场竞争，市场占有率，品牌忠诚度，本质上是对消费者竞争与占有，谁占有消费者，谁就是市场的大赢家。人情之战是中国市场竞争一大特点。

“人情”既是人之情感，也是人之常情、世情。“人情味”与“人情”有关，“人情味”是人情的味道和滋味，形式和感觉，或因人情而赋予某人、某事、某物的形式感。“人情”往往具有实际的内容，而“人情味”只是一种态度，一种倾向，一种情调，广告标题中的人情感，既有实质上情感力量，又有形式情调魅力。

共鸣性

情感具有普遍性与永久性，乡情、亲情、爱情、友情，一个“情”字演绎出大千世界的舞台。可口可乐公司的J·W·乔戈斯说：“你不会发现一个成功的全球名牌，它不表达或不包括一种基本的人类情感。”（《现代广告案例》）情感能跨越时空和文化障碍，获得人们的认同与共鸣，共鸣即受众或消费者的思想感情与作品表现或商品赋予的思想情感相通或相似，易产生共鸣震撼。

广告创意策略重要理论之一的情感共鸣论认为，在广告中述说目标对象珍贵的难以忘怀的生活经历，人生的体验和感受，以唤起并激发其内心深处的怀旧情感。同时赋予产品或品牌特定的内涵和象征意义，建立目标对象的移情联想，通过广告与生活经历的共鸣作用而产生沟通的效果和震撼的力量。实际情感的共鸣，不仅可以用怀旧方式去挖掘人的情感，现实物象或抽象概念都可以赋予人性特点，激起人们内心深处固有情感，同样会产生巨大的共鸣效果。

如台湾广告名作“江南春别墅”，其标题：“中国人忘不掉江南风味”，文案引用南唐后主李煜的《虞美人》词：“春花秋月何时了，往事知多少！小楼昨夜又东风，故园不堪回首月明中！雕阑玉砌应犹在，只是朱颜改。问君能有几多愁？恰似一江春水向东流。”词的下面写着：“中国人忘不掉江南风味，中国人应享受最具江南风味的生活。”接着又描述了“江南春别墅”迷人的园林景色，使人们仿佛回到故国的江南山林，二十四桥，西子湖，苏杭……

广告抓住了羁留台湾的同胞怀念大陆眷恋江南，回忆故园情景，满怀离愁别情，激起“月是故乡明”的怀旧思乡情怀，感人心脾。怀旧与乡情是人们体验情感的方式，是引发共鸣的工具和过程，商界利用怀旧情结产生的共鸣特点，作为商品沟通和促销的有效手段。

李白的《静夜思》中“举头望明月，低头思故乡”情景曾触动无数游子思乡的情感。获奖电视广告孔府家酒“回家”篇，其“孔府家酒，让人想家”的标题语曾在20世纪90年代中期家喻户晓。演《北京人在纽约》走红的明星王姬，以海外游子身份说得情浓义重，怦然心动。亲情、家情、国情，故乡明月，萦绕心头，一杯陈酿“孔府家”，醇香醉于情思中。

“好像回到了中世纪”与“为了怀旧的人”，“哭过，笑过，一起走过 OLD今年50岁”威士忌酒广告标题，直接激发目标受众记忆里的情思，产生移情而导致行动。

再如香港维他奶广告“背景篇”，也是以怀旧情感产生共鸣震撼的力作。有点像朱子清散文名篇“背影”，以浓郁的怀旧情调，从容展开画面：一个少年暑假回乡村探望从未见面的祖父，很有些“近乡情更怯”的神色。初到乡村，既新鲜又有些不适。祖父替孙子碰青的膝盖上搽跌打药水，一道翻着昔日的家庭生活照……快乐的暑假过去了，祖父送孙子上火车。开车前，祖父越过铁轨，爬上对面的月台，在小吃店买回一盒纸包装的维他奶给孙子途中解渴。火车开动，祖父的身影渐渐远去，而他脸上淡淡的愁容却永远刻进了孙子的心田。

此时，画面水到渠成地显现出标题字幕：“始终的维他奶。”淳

厚真挚的亲情，永远流淌在儿时的河里，让你再一次回忆少年时的难忘经历。（《现代广告案例》）

引起注意　易于沟通

情感是人类共同的语言，易认同好沟通。狄德罗说：“没有情感这个品质，任何笔调都不能打动人心。”

2000年中国再次申办奥运会，5分钟的广告“申奥片”聘请著名导演张艺谋，张导面对记者多次申明他的创意激发点，不搞成展览式、陈列式、风光式、成就式的概念化，而是抓住典型细节表现中国人普通生活、情感，让人心动移情。尽管有地域文化的差异，生活习惯不同，民族肤色的区别，但人类共有的情感可以跨越一切，让人接受感动并认可。

奥妮“百年润发”洗发精广告，与同类产品所走的时尚路线不同，将商品寓于一种浓厚的情感氛围中。巧借明星周润发大名“度身定做”，商品与演员形象契合的天衣无缝。广告男女主角那一场经历离乱磨难，沧桑变化，却生死不渝的爱情故事让无数观众唏嘘不已。“百年润发”洗发精似乎成了“爱情忠贞”，“美满团圆”，“有情人终成眷属”的代名词。

同样，你也会睁大眼睛看“南方黑芝麻糊”广告，听那儿时的故事，无法拒绝那位慈祥的女摊主与那可爱的小男孩之间缕缕浓香中飘出的人间温情。

《新周刊》第6期刊发“广告与中国人的20年”一文，“20年广告之最”中评选出最令人感动的广告：“沟通就是关怀。”

张艺谋在1997年为爱立信拍了一套形象广告，以情感为诉求点，其中“父子篇”说的是一个中年男子周末回家探望，不一会对父亲说要出去应酬，父亲捧着报纸默默点头，当儿子走到楼下无意抬头，却见父亲正站在窗前注视他的离去。当父亲叹一口气，准备戴上老花镜重新看报时，儿子推门而入，对父亲说：“爸，今天我哪儿也不去，在家陪你。”这一系列共三条，分别以“沟通就是爱”、“沟通就是理解”、“沟通就是关怀”为标题语，把现代生活中老年人的情感孤独，精神需求，深情地呼唤出来，像那首家喻户晓的歌：“常回家看看，回家看看……”沟通是人类情感的交流，让感情记住回家的路吧！

3. 广告标题情感诉求

相对理性诉求而言，情感诉求，即以情动人，在适应传统文化及价值趋向的基础上，根据消费者心理，结合企业、产品、服务等信息特征，以不同角度挖掘富有信息价值的广告动情点，达到心动而行动的购买目的。情感诉求依据其性质与内容，有灵魂深处的乡情、亲情，有日常的礼仪人情，有极富人情味的道德感，幽默感及较高层面的美感，有令人害怕的恐惧感，及情理结合等方面，在语言表述上多采用修辞艺术手法，如比喻、拟人、双关、夸张等，以增强情感色彩。情感诉求之中的幽默感独立论述。

人情式广告标题

在每个人的心里都会有一个魂牵梦萦的地方，那就是曾经生养过你的故乡。她赋予我们生命，赋予我们灵性，赋予我们成长的天地，在我们幼稚的心灵，童年的记忆，永印刻着她的模样。在时间的画册里，故乡那质朴的情愫片段让人留恋回味。他乡的明月也温馨，他乡的阿娇也多情，但情感深处依然月是故乡明。衣锦荣华走千里，心还留在家乡。2007年第14届中国国际广告节获奖作品“归去来”系列广告，从文案到画面，对“苏州故园、人文别墅”记忆诉求，浓浓乡情，让人挥之不去无法割舍。那回家的小桥，那走过的巷子，那幢老屋，那院中的井，那窗前的桃花……“尘埃里旧物能拾起，记忆中的旧事，有几件能找回？”童年的场景一幕幕呈现眼前，温馨、眷恋，思乡情绪愈加浓烈，欲罢不能。……“似是故人归”，更是那“落叶归根”的故乡呼唤声。

离开了家，
就开始了回家。
归去来
冰箱里最甜的西瓜，
也比不上水井里的那一颗。
归去来
尘埃里的旧物能拾起，
记忆中的旧事，有几件能找回？
归去来

走得再远，
还是没有走出最初的地方。
归去来
在家，窗前的桃花都是三月开；
离家之后，冬月的夜里也绽放。
归去来
“霜叶红于二月花”。
你之所忆，是否也是女儿之所见？
归去来

万科棠樾“游子归”系列广告（第16届中国广告节获奖作品）也是地产广告中情感诉求佳作。如果说“归去来”系列广告诉求的是故乡记忆片段精彩播放，那么“游子归”系列则是游子家人亲情故事讲述，让人回味。其标题分别是：

“奶奶在意的永远是儿子的变化　儿子在乎的永远是爸爸距离”

“多少人看到了父亲的童真　几个人看明了爸妈的真情”

“我的心先于我的人刚来　它的心先于它的形来到”

“你在的时候你就是一切　你不在的时候一切就是你”

广告诉求策略走情感路线，传递人间真情，展示温柔的力量，即使像钢铁水泥、沙石，这些冰冷的物质，一旦形成走向大众市场的商品，变为房子与汽车，就具有了人文特点与热情。广告标题也因情而生，家、亲情、爱、人性美德，永远是富有感染力和推销效果的要素。

再如极富人情味的花园别墅广告（选自颜伯勤著《成功广告80例》）。

振华开发公司在台北市区内规划一个安宁憩适的住宅区。包括10幢的七层大厦，称为华南北园别墅。广告代理是合众建设公司。

广告代理针对市场调研，商品研究，设计制作小组议定对策：

（1）根据商品有一个与众不同的优点，就是整个住宅区内的路径，全部为铺设红砖地面的林荫道路，禁止车辆通行，构想出一句“全国首创安全绿街大厦群”口号。让消费者切实注意到，这是市内大厦型的花园别墅。

（2）根据“安全绿街”的优点，在诉求内容上，尽量让消费者知道，对妈妈爸爸、孩子有很多好处，多强调“安全”、“宁静”、“健康”等。

（3）根据这里售价高的高级商品，应以“高格调、大气派”方式来表现广告，以求和商品特色密切配合。

整个广告设计共5期17则，1976年8月下旬～11月中旬在晚报及若干日报上连续刊出。现把第一期4则及第四期3则选录如下：

第一期，第一则的大标题是“安全地带”，副题是“住在这里，妈妈可以放心让孩子在家门口玩！”

第二则大标题：“宁静时间”，副题是“住在这里，汽车噪音再也不是一种威胁”。

第三则大标题：“健康环境”，副题是“住在这里，妈妈越来越年轻，爸爸的腰围亦缩小了”。

第四则大标题："富贵人家，"副题是"很多地理师都说，这里是旺山旺向，大富大发之地。"

这4则广告刊出，实现了112户房屋售罄的良好效果。

第四期，第一则大标题是"假如66万可以买一个快乐的童年"。

第二则的大标题是"假如66万可以让你不再住盒子屋"。

第三则的大标题是"假如66万可以让家人更光彩"。

广告刊出，收获的反应不错。尤其是第一则和第三则的标题，很受消费者注目。该花园系列广告，诉求正确，标题富有人情味，尤其大标题中许诺安全、宁静、健康，更打动人心。再加优美的图案配合，创造了房地产业人人称羡的销售成绩。

熟悉的"家乡印象"——金龟汽车的诉求点。

金龟汽车公司决策者清楚地知道："金龟"的生存有赖于法国国内市场。公司对广告策划提出一个标准：亲切、温馨而富有人情味，使法国人有一种熟悉的"家乡印象"，并对大众消费者，真实地宣传自己汽车最突出的一个优点：超静，广告色彩："家乡印象"，广告氛围：亲切感。

创作人员围绕这些需要表达的元素，苦心思索，推出下述"家庭味"十足的广告标题：

"它唯一的缺点是每小时跑110公里时，您仍能听见后座丈母娘唠叨的每个字眼。"由此，在法国树立了金龟汽车的独特形象。

亲情美德更动人。令人难忘的是上海家化"美加净护手霜"做的一则广告。画面是蒙眼的妈妈伸着双手与儿子捉迷藏，及产品图，广告文案是以一个学生随笔的形式表达的。

标题："放我的真心在妈妈的手心"

正文："小时候，妈妈的手最温柔。记不清有多少次了，寒冷的冬夜里，这双手不断替我盖紧被子；跌倒的时候这双手扶起我，温柔地包扎好我的伤口；半夜惊醒啼哭时，这双手揽我入怀，用爱抚慰我，拭去我的啼痕。

早已习惯了在不安、害怕、焦躁、怯懦时，握紧这双手。那从指尖上流淌出的温柔，霎时便如暖流般传遍全身，使浮躁的心平息下来，心中似有一只纤纤柔荑在轻抚安慰。那份温情，曾给我添了多少信心与勇气。

在我那稚气年幼的心中，这双手的魔力无可比拟。今天，长大的我又一次握紧了这双手，这双曾经柔腻温润，而今却枯瘦干皱的手，无情的岁月使她不复美丽，但却温柔依旧。

借着那指尖上传来的温柔，泪突然从心的深处涌了出来，滴洒在一只春葱般的玉手上，这是我的手，也是多年前牵引我的手。”

……（青岛晚报 1996.11.23）

对妈妈特写般细腻描绘，讴歌了勤劳善良、博大无私的母爱，展现了妇女最珍贵的关爱情感与奉献美德。“放我的真心在妈妈的手心”的标题语，也暗示着女儿买回好礼品滋润妈妈枯瘦干皱的手，让孝心回报养育之恩。

台湾第一信托投资公司，在报纸上推出一套系统性的以“中国妇女的传统美德”为主题的广告。这广告共5则，刊登在各报第一版。每则稿的上半版部分是画面，用特写手法，表现一位贤惠的家庭妇女，面带微笑，时时刻刻在关怀她的家人，贡献出她对家人的爱。稿的下半部是文案。

第一则大标题是“丈夫第一”，在画面中用家庭妇女的头脑部分，叠映出妻子为丈夫整装，关爱丈夫的情景。

第二则大标题是“子女第一”，画面是妈妈在陪伴着两个活泼可爱的子女。

第三则标题是“父母第一”，画面改为女性承欢父母，侍奉公婆的贤德。

第四则标题是“家庭第一”，画面变为主妇不计辛苦，在照顾全家大小。

第五则大标题只有两个字：“忘我”，画面特写主妇面部表情。

这套广告，吸引了社会大众，既赢得家庭妇女的称赞，也得到富有传统文化情感的社会认同，使广告产生较好的效果。

人情化，从感情层面，物我一体，情化万物。标题信息，具体的或抽象的在情感与情结因素的浸润下投向目标市场，激起消费者情感与购买欲望。其标题内容侧重于：乡情、亲情、爱情、同情、关爱、健康、舒适、安全、美丽、吉祥、尊贵、荣誉、自我、成就感等方面。如下列广告标题：

“烘焙出美味面包的最高奖赏乃是丈夫的微笑”（面粉公司）

“只会温暖你的心，不会弄昏你的头”（混合威士忌）

“让情人的体贴，温暖你整个严冬”（围巾）

“春的芳心，暖的温馨”（针织内衣）

“我们仅出售舒适”（制鞋公司）

“我们是美的雕塑者”（化妆品公司）

“擦肩而过的那一刻，真美！”（化妆品公司）

“10个妈妈8个爱——孩儿面大王”（化妆品公司）

“藏不住的是深情，挡不住的是幸运”（有奖销售）

“健康不是一切，但一切必须以健康开始”（保健口服液）

“输入千言万语，打出一片深情”（四通公司中外文打印机）

“独我风格，无上至尊”（名牌珠宝）

“成功者的气度，风云不惊”（富豪 S80 系列豪华安全轿车）

“品味尊贵，情感加油，相约——爱菲莱”（爱菲莱咖啡西餐厅）

“举世瞩目旗舰，突显高贵风范”（CIMA（西玛）豪华高级轿车）

这些广告标题，或真挚、热情、奔放，或委婉、含蓄、细腻，都以语言的艺术感染力，集中体现在以情动人上，其情感的力量，情感的魅力，在化妆品、食品、保健品、时尚品、服饰等与消费者日常生活相关联的广告中大放异彩。消费跟着感觉走，时尚带流行，感性消费不可抵挡。如哲人所说，世界上的一切并不是出自必要，出自理智才去做的，往往没有任何必要，而仅仅是出自于情感。

节假日的广告，标题更具礼仪人情味。不管是传统的“春节”、“中秋节”、“端午节”，还是洋味的“圣诞节”、“情人节”，或者是“五一”、“妇女节”、“教师节”、“母亲节”、“十一”、“元旦”，都负载着特有的历史内涵和文化记忆，有着特定的意义。纪念、祝福、团圆、祈盼、欢庆，节日是人们表情达意之日，也是爱的情感约定俗成的释放之时。走亲访友，礼尚往来，人变得亲和友善，变得互敬互爱，沟通关怀，人们浸润在人性之美的祥和之中。

人无礼则不生，事无礼则不成。节假日，也是人情的消费日，市场消费量激增，且短时间内集中消费。以春节为例，据中国社会调查所进行的城市居民消费心理和消费结构的调查显示，城市居民家庭春节花费多在 1500 ～ 3000 元。这为商家提供了极大的产品促销商机。商界的“炒作”，及广告的渲染，使节日的气氛更加热烈，人情味更加浓郁。商品被广告赋予了一种节日特定的情感，有了一种亲密性的附加价值，产品变成礼品，成为人与人沟通的使者，正所谓“千里送鹅毛，礼轻情义重”。

中国移动春节广告标题：

主题："畅享移动新生活"

副题："虎娃笑祝福到 中国移动给您拜年了"（青岛晚报 2010.2.4）

百盛商场广告：

主题："喜迎中秋 礼颂中华"

副题："应季新品全场5.8折起"（青岛早报 2009.9.30）

中国网通"小灵通"广告标题："迎新年用健康传递真情"（青岛晚报 2003.12.29）

周林频谱治疗仪广告标题：

引题："一年一度的中秋，一生一世的真情"

主题："今晚你拿什么孝敬咱爸妈！"（青岛早报 2002.9.21）

奥岚雪化妆品"妇女节"广告标题：

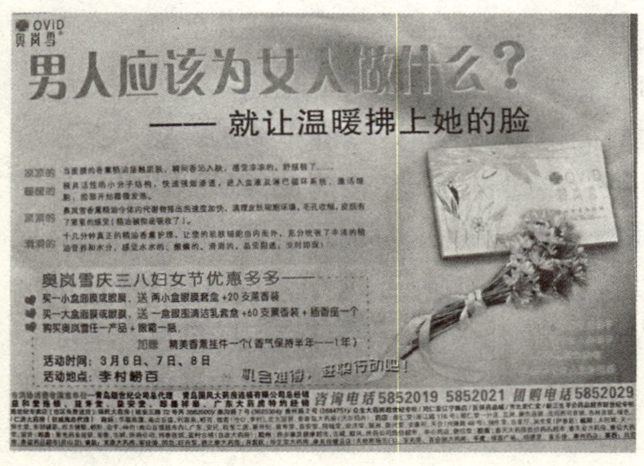

主题："男人应该为女人做什么"

副题："就让温暖拂上她的脸"（半岛都市报 2004.3.5）

海信广场"父亲节"广告标题：

主题："364:1"

副题："以前都是

您送我礼物，今天我要送您一份礼物”（青岛晚报2004.6.16）。

标题：“家中何温馨，点点父爱溢满心”；画面飞翔的纸鹤（父亲节白兰氏系列产品）

标题：“慈母手中线，情牵梦萦绕心间”；画面一线飞翔的两只纸鹤（母亲节白兰氏系列产品）

青岛贝丽丝香水“情人节”广告标题：“‘贝丽丝’至爱，香水燃情”（青岛晚报2004.2.12）。

海尔电脑“情人节”广告：

引题：“海尔电脑”

主题：“笔记本见证爱情……”画面胶片镜头式展示了一对恋人的相爱过程，定情物是海尔笔记本电脑，记下她们相爱的点点滴滴（青岛晚报2004.2.11）。

小灵通手机“情人节”广告标题：

主题：“两情依依 息犀灵通”

副题：“绿色灵通为爱添彩”（青岛晚报2004.2.13）。

节假日，利用人们尚礼重情要面子的特点，

做得最好的产品首推“脑白金”。保健品第一品牌“脑白金”，可以说是人情消费送礼造出的名牌产品，连续 4 年雄居国内保健品榜首，至 2004 年 1 月销量突破 1 亿瓶，零售额 60 多亿元。人们不会忘记那句家喻户晓的电视广告标题语：“今年过节不送礼，收礼还收脑白金”；“今年更要送健康，收礼还收脑白金”。它开中国产品广告宣传以“礼品”为诉求点的先河，并造就了这一品牌的辉煌。

恐惧式广告标题

如果说悲剧总是在未来有自己的解决方法，那么，恐惧却是无出路的，无希望的，这就是灾祸或是死亡。它包括那些人不能自由掌握的自然现象和社会现实，它给人们带来的不幸即使是在历史发展的高度也不能幸免或解决。

广告标题从引发人们不祥联想为出发点，使人感到不安、担心、恐惧、警觉，让受众对广告信息关注并听其劝告，免除不幸。诉求内容一般选用像药品、医疗、保健品、化妆品、保险公司等方面题材。

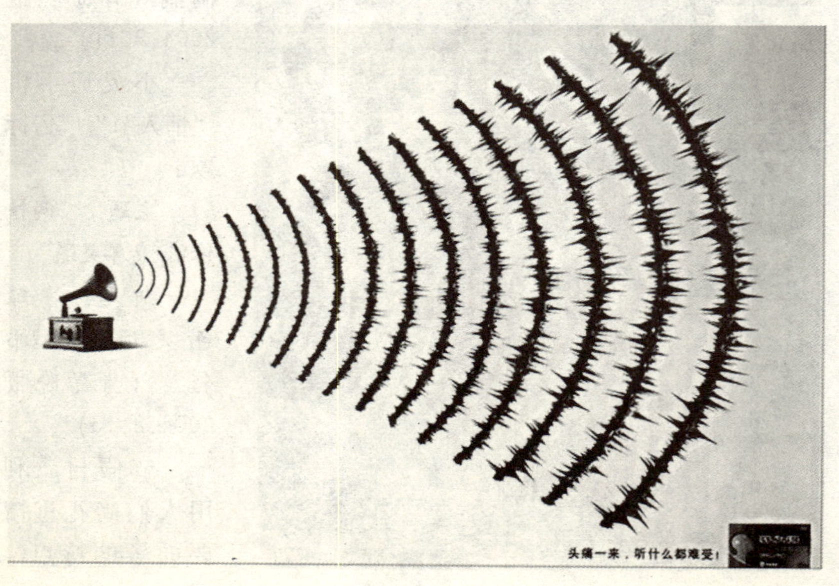

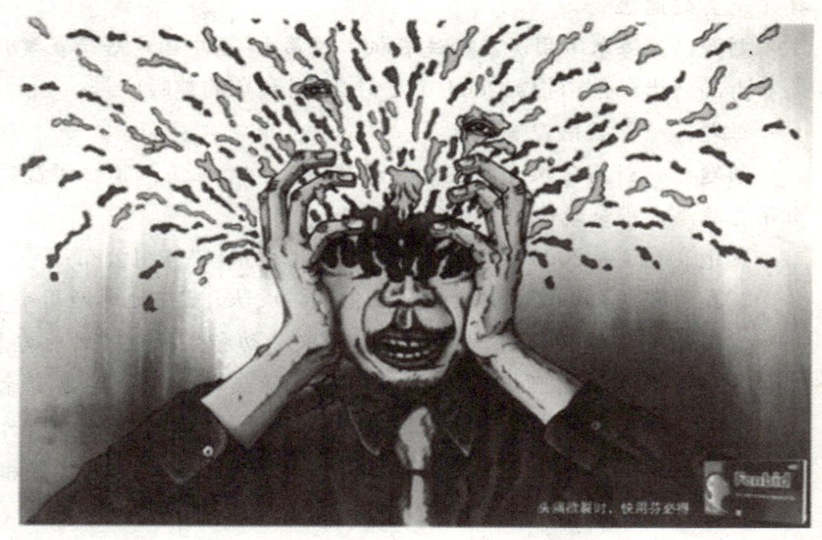

中美史克·芬必得广告标题："头痛一来，听什么都难受"（2007年中国广告年鉴）。优美的音乐变成蒺藜般刺耳，说的不是音乐，是头痛。"头痛欲裂时 快用芬必得"。

海尔洗衣机广告：

主题："还在使用那些有害于你皮肤健康的洗衣方式吗"

副题："海尔不用洗衣粉洗衣机"

主题："皮肤不再瘙

痒才是真的健康”

副题：“海尔不用洗衣粉洗衣机”（第14届中国广告节获奖）

青岛《半岛都市报》2004年2月26日刊登的整版广告：

正题：“骨里插刀啥滋味？”

副题：“新药三木骨筋胶囊为骨质增生、颈椎病、腰椎间盘突出等骨病患者带来福音。”

其正文写道，2003年8月6日，全国骨伤科协作组公布：

“我国有约8000万骨病患者，让他们排成队，可绕地球两周半！

我国每年有96000人因骨病致残，丧失劳动和生活自理的能力！

得了骨病犹如骨里插刀，生不如死，骨病之痛苦，连患者亲友都不忍目睹！患者在病痛难忍时会突然间倒吸气、牙缝间嗞嗞作响——骨刺锥心啊！但是，更可怕的是，骨质增生、颈椎病、腰椎间盘突出的患者很多最终都会成为偏瘫残废人！……”

广告文案正文对让人发憷的标题内容作了更进一步的描绘陈述说明，让受众患者在恐慌中警觉起来，赶快行动，买药治病。

标题：“流感也能夺人性命”（状态佳口服液免疫球蛋白 青岛早报2003.11.13）。

流感是万病之源，引起并发症可导致死亡，提高自身免疫力不仅能够防病抗病，还能在患病后迅速康复，“状态佳”抗体胶囊是你担心后的选择。

标题：“6种老人，春寒难过”（氧立得制氧器广告，半岛都市报2004.2.26）。

看了标题令人不安，哪6种老人？有冠心病的老人；有过心肌梗死的老人；有脑血栓的老人；有过脑溢血的老人；血脂高的老人；高血压的老人。其实，危险是可以避免的，家里准备一台氧立得制氧器就能有惊无险，大事化小，消除不幸的发生。

这两则广告标题以危及生命的高度恐惧诉求，惊动受众注意，以达到广告目的。

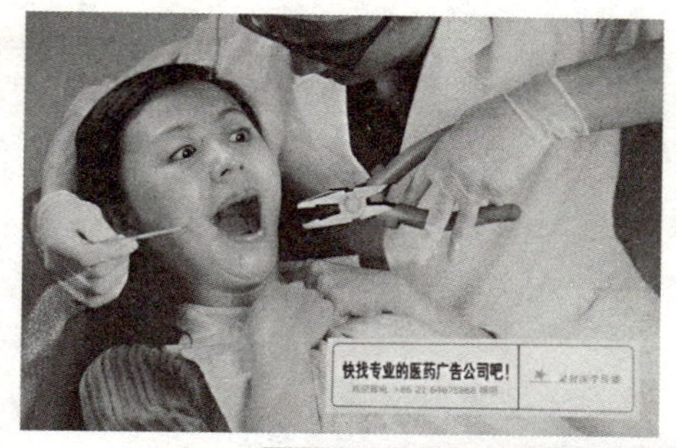

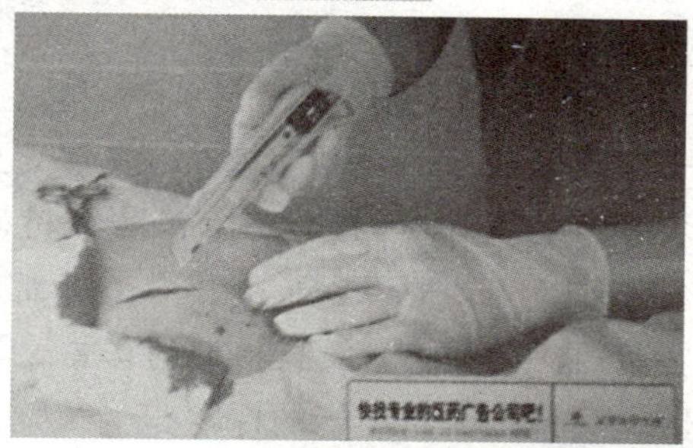

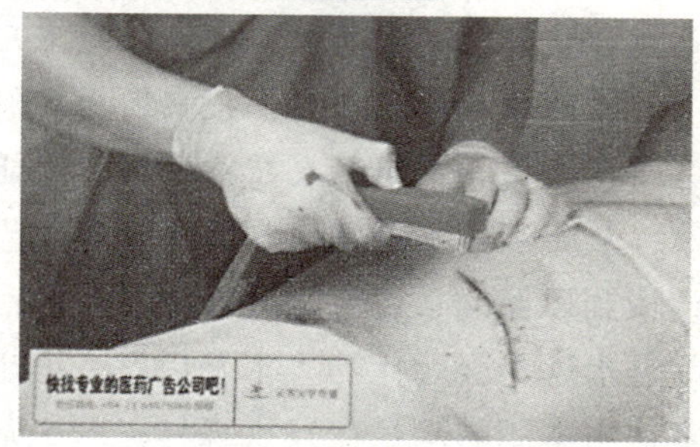

第 13 届中国广告节平面金奖作品“拔牙篇”．“开刀篇”．“缝针篇”广告，以其强烈的戏剧性，展示出性命攸关的手术台上惊人一幕。“快找专业的医药广告公司吧！”否则如同这貌似实假的大夫，危害遭殃。

如美国西格纳财产和伤亡保险公司的企业广告，标题：“200 年来，灾害一个接一个。”

正文：“1798 年加勒比海船只失事。

1835年纽约船坞大火。

1871年芝加哥大火。

1889年约翰斯敦水灾。

1906年旧金山地震和大火。

1938年新英格兰飓风。

1955年康涅狄格水灾。

1971年洛杉矶地震。

1980年华盛顿火山爆发

……

天灾人祸一直是保险行业兴起的根源。灾害是生活中的严酷现实。在以往200年里，CIGNA财产和伤亡保险公司处理了几千家公司的保险业务。保险公司的财源和专长使它们有能力支付世界上最严重的一些灾害所造成的损失，履行他们的诺言。”……

如台湾地区一套系列公益广告的标题：

“塑胶品是木乃伊，埋在土地里几千年也不会腐化分解”。

“地球森林越来越少，只因为我们的木制用品越用越多。”

“我们今天用的农药杀虫剂，可能明天就会流到家里来。”

从生活中常见的事实入手，通过恐惧诉求的形式来达到使受众认识到环保的重要意义的目的。塑胶品给生活带来了方便，而它们却是永远不会腐化的“木乃伊”；追求自然而使用木制品，但是过多使用木制品却是在残害森林；杀虫剂本来是为了杀死害虫保护人类，到头来却是在杀害人类自身。这种的标题给人以震撼与警示。

情理式标题

感情与理智不是对立的，理性诉求与感性诉求完美结合，既采用理性客观、准确、分析有说服力，又使用感性亲切、生动、感人的亲和性，晓之以理，动之以情，使广告达到最佳传播效果。有些广告标题也体现出这种情理特点。

如美国金融传播协会（FCS）公文箱奖1995年参加决赛的作品

的两则广告标题：

“千万不要让我们谦恭的态度，优质的服务和对您的诚心蒙骗了您。我们，依然是一家银行”（格伦戴尔联邦银行）。

“在你落水的时候，只会狗爬式的伙伴一无用处”（拉西尔国家公司）。

风趣诙谐中透出一份真情告白，热情真诚的背后是商家追求的利润，“我们，依然是一家银行”。实话实说，言外之意，没有专业能力，势弱力微的伙伴，在你陷于困窘时，是不会有所帮助的，所以，在市场险恶的社会里，应该找像拉西尔国家公司这样势力雄厚强大的伙伴。

如爱立信手机电视广告标题语：

“沟通就是爱”

“沟通就是理解”

“沟通就是关怀”

社会的飞速发展，生活节奏的加快，生存环境竞争激烈，人人在挣扎、奋斗、大口喘气自顾不暇，人际少了沟通，多了冷淡、隔膜，家中老人尤显寂寞、孤单，这是一个令人无可奈何的社会问题。镜头从社会细微处摄入，习惯的生活点滴，被创作者艺术性地升华到哲理层面，典型化地呈现在社会受众面前，亲情的场景，情绪化的举止行为，透出理性思考，感人又令人深思。沟通是人性深处心灵的纽带，是情暖人间的阳光，它穿越了藩篱，播撒了爱，创造了和谐，是社会文明的进步。如中国网通广告标题语：“沟通比任何礼品都重要”，多一份沟通，多一份快乐。

古今造物，人性其中。科技以人为本，情理始终是广告对消费者有效的诉求点，如中国移动通信 GSM 网络广告标题：

正题：“保密性是一种安全感”

副题：“更是一个网络的价值所在”　（青岛晚报 2004.2.10）

正题：“话音清晰是一种打动心灵的纯真”

副题："更是一个好网络的价值所在"（青岛晚报2004.2.15）

正题："不掉线，是一种绵延的亲密"

副题："更是一个好网络的价值所在"（半岛都市报2004.2.16）

这3则广告标题从不同侧面阐述同一主题，即青岛移动网络的优越性，其价值所在分别体现在"保密性"、"不掉线"、"话音清晰"等方面，真实、客观、科学地给消费者一个选择理由，使你有理性的消费依据。而这种理性诉求又是在真诚挚爱情感包裹下传递的，像主题中"是一种安全感"，"是一种绵延的亲密"，"是一种打动心灵的纯真"。这种感情浸润的引导，如糖衣炮弹，让消费者微笑着接收，心情愉快地消费。有情有理，交融聚变，更具市场爆发力。

其题文一致的诉求及形象的画面语言，更增强了广告效果，如主题："话音清晰是一种打动心灵的纯真"，副题："更是一个好网络的价值所在"。

正文："优越的信道环境，拒绝噪声，音色充分还原；增强性编码，让千里之遥演绎面对面的亲近。最动情的一刻，让你聆听海的歌声。

让这种自然，纯真的沟通，悄悄感动心灵，打动世界！

用 GSM 网络通话时，系统以时间为单位为每位客户分配固定的通话通道，确保客户通话时不受干扰，因此话音清晰、通话质量高。好比一个房间里允许许多人说话，但是人多且大家的声音特别大，虽然都说但是声音就听得不那么清楚了——GSM 固定的通话通道设置方式可完全避免此类问题。”

随文：……

1993年8月在《解放日报》刊出珠海丽珠制药厂的“丽珠得乐”胃药系列广告，其一致性的广告标题语：“其实，男人更需要关怀”，征服了男性消费群。使“丽珠得乐”胃药伴随着广告的成功快速占领了市场。

生存环境的急剧变化，如住房、上学、经商、择业、医疗、体制改革等应接不暇的生活变化节奏，使普普通通的男人倍感疲惫。再加上传统文化中，男人就该扛梁顶柱，纵横风雨打天下，做一番轰轰烈烈的事业，活的昂首挺胸无所不能。这种社会认同压力让男人更加疲于奔命，心力交瘁，个中酸甜苦辣只有自己知道。斯时世态，一句“其实，男人更需要关怀”的呵护感叹，催发了男性内心的共鸣，掀起理性情感中波澜。画面中的建筑工人，无名演员，熬夜教师，汽车司机……这些在竞争中拼命挣扎生存的男人，太需要关心、呵护了，需要亲人的关爱，更需要社会的宽容理解，这种社会现实的深层精神需求，被此广告标题一语击中。正是这种理性情感的关照，才使它具有了社会轰动的力量。

男人需要关怀，尤其是中年男子更需要关怀。从客观现实社会的角度，太极集团涪陵制药厂补肾益寿胶囊产品刊出的系列报纸广告，理性而友善，提出这个特殊群体的身心健康问题，其文案标题：

“四十岁男人的画像”（半岛都市报 2002.9.25）

“中年男子：满眼风光　满腹失落”（半岛都市报 2002.10.24）

“中年以后，小心‘透支’健康”（半岛都市报 2002.11.28）

“人近四十，为何怕镜子”（半岛都市报 2002.12.2）

“四十男性为警戒线”（半岛都市报 2002.12.9）

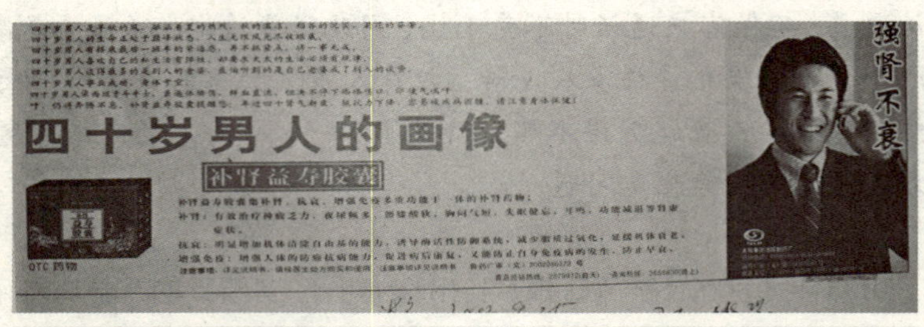

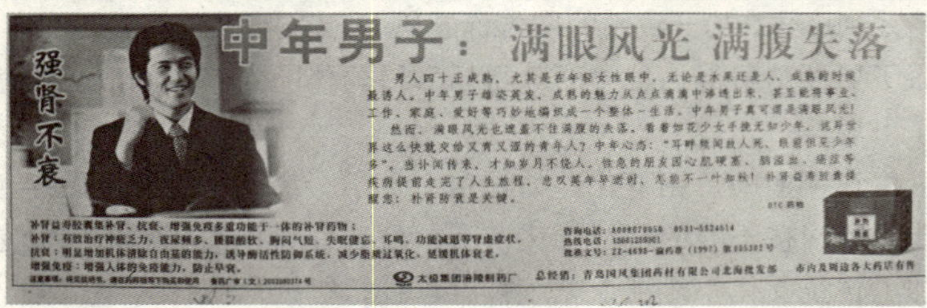

40 岁男人如文案所述，是男性事业丰收的季节，也最易遭受疾病侵袭，因为年近四十，肾中精气由盛到渐衰容易出现肾虚，抵抗力下降，组织器官开始老化，容易被疾病缠绕。美国保健专家约翰·莱斯博士在《男性的危险始于 40》中指出：“男性步入 40 岁后，如果不注意身体的保健，则有可能不能享受其奋斗的成果”……男人 40 正成熟，尤其是在年轻女性眼中。无论是水果还是人，成熟的时候最诱人。中年男子雄姿勃发，成熟的魅力从点点滴滴中渗透出来，甚至能将事业、工作、家庭、爱好等巧妙地编织成一个整体生活。中年男子真可谓是满眼风光。

然而，满眼风光也遮盖不住满腹的失落。看着如花少女挽着无知少年，诧异世界这么快就交给又青有涩的青年人？中年心态：“耳畔频闻故人死，眼前但见少年多。”旧朋好友因疾病提前走完了人生旅程，悲叹英年早逝时，怎能不一叶知秋！补肾益寿胶囊提醒您：补肾防衰是关键。

五、视觉性

（第13届中国广告节获奖作品）

世界上任何一种文字的起源都是从既像图画，又具有文字象征的图形字开始，汉字形意兼备是最能提供广告创意空间的语言文字。

技术革命引发电视等视听画面语言的普及与视觉素养的提高，图文并茂的现代平面创意表现要求文字视觉感越来越强。

广告标题的视觉化指表现形式上语言修辞追求动态与形象化，创作视觉形象使广告产生立体效果。动感是广告标题具有生动鲜活、变化的戏剧性色彩；形象及语言艺术形象，即具体物象创作中赋予它生命，情感意象化。

不管直接或间接描绘，还是修辞手法使抽象的事物形象化，都能产生语言形象感染力。与图片结合的标题会有更强的视觉冲击性。

1. 视觉化趋势

2006年8月6日，《青岛晚报》转自《北京晨报》消息，保加利亚著名考古学家日前向外界展示了一块有7000多年历史的刻有人类图案的石头。这块1986年出土的石头，表面被条纹分成5个部分，呈现出两个举起臂膀的人类形（象）图案。专家认为这些神秘图案应该是一种原始文字的雏形。可见，世界上任何一种文字的起源都是以既像图画，又具有文字象征的图形字开始，然后演变成能够见字读音的象形字。汉字是世界上使用年代最久的一种文字，从现在史料算起，即文字产生始，就是视觉性的形象。“六书”之首的“象形”字就是依照事物的形体“画成其物”。如“日”、“月”，甲骨文是纯表形的，每一个字就是一幅图，及后出现的“指事”、“会意”、“形声”字，使汉字形成有形及声，有声及意的文字表达特点。

中国是一个更加注重视觉感的民族，象形文字比西方的拼音文字要优越得多，象形文字的符号和它代表的意义之间有较为直接的关系。现代汉字主要是形声系统，一个意符（也叫形符），一个声符，两个构件合起来组成一个形声字。汉字意韵深邃是最能够提供创意空间的语言文字，用得巧，让人“望文生义”，无须画面表达，自然尽在其中。

我国传统文化艺术中，如诗词歌赋作品，追求形神兼备的形象特色尤为突出。如“落霞与孤鹜齐飞，秋水共长天一色”；“大漠孤烟直，长河落日圆”；“两个黄鹂鸣翠柳，一行白鹭上青天”……诗情画意，流传千古。

文字广告自民族土壤中来，自然有它鲜明的特色。公元1167年画在山西繁峙岩上寺大殿西壁上的酒楼，有一面酒旗，上面写着“野花攒地出，村酒透瓶香”，是很生动形象的广告语。

在20世纪前半期，最重要的文化趋势是视觉素养的发展，即所谓由影像及符号来传播，尤其是电视机普及后，视觉素养的发展要求文字的影像感越来越强，从原始实物交换到现代广告发展，如果说技术革命引发电视视听画面语言为普通大众所接受的广告媒体，那么报纸从单一文字诉求到现代图文并茂创意表现，就是一个适应潮流与发展的刻意追求。

2. 视觉化广告标题的价值

广告标题视觉化，主要是指表现形式语言修辞手段追求动态与形象化，即文字语言的视觉形象。广告标题视觉化的表现，能使广告产生更多的效果：易聚焦受众阅读目光，引发注意力与想象力；视觉感强，能增大记忆性；易引诱阅读正文；丰富扩大广告有效传播等。

文字语言一直是广告的主力，任何伟大的广告创意还是得靠视觉意象的文字表达出来，往往最好的广告标题都以语言的视觉为主要表现，成为形神兼备的美目传情者。

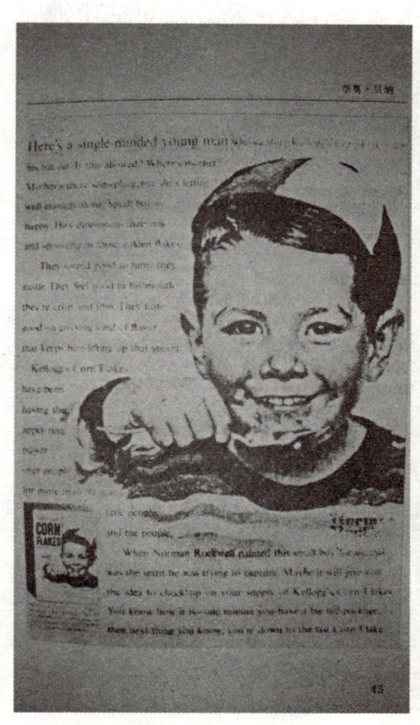

如伯恩巴克的“慷慨的旧货换新，带来你的太太，只要几分钱……我们将还你一位新的女人”；李奥·贝纳的“这里是一个一心一意戴着帽子吃凯洛格玉蜀黍片的年轻人”；大卫·奥格威的“穿‘海赛威’衬衫的人”；乔治·路易斯的“我要我的麦宝”副标题：“英雄也会哭着要玉米片”；以及“如果你的哈维·普洛佰椅子会摇摇晃晃，你得补平你的地板。”……这些大师创作的标题，都有感人的视觉形象魅力。

能将语言与视觉完美的结合，做到文字一出，影像即现，是一切优秀广告标题制胜的要素之一，广告标题语言所创造的视觉形象，不论是语言动态造就的戏剧性，还是语言的形象化表达，特别适应受众，尤其是东方文化浸润中消费者接受习惯及想象，会产生即刻打动的广告传播效果。

“他差一点儿 在股市上挣到一百万”，这是APC公司的电源保护Back—UPS AVR一则充满故事悬念的广告标题。广告画面进一步阐述，一个沮丧的年轻人站在街头回味自己的“不幸”经历，由于没有及时安装Back—UPS AVR电源装置，本来网上炒股可以赚到的100万，也因为突然停电而导致宝贵的交易时机错过，美梦破灭。

广告没有直接诉求电源保护如何稳定、安全，解除停电带来的麻烦之类的说辞，而是在广告中讲述一个与产品紧密联系的故事，其效果比单纯的产品功能叙述更抓人。

电影片名“飘”改为“乱世佳人”就是一例。一个好的片名等于有了一则诱人的广告。美国名片Gone with the wind最初译为“飘”，广告制作人觉得不符合国情审美习惯，影响上座率，就从分析女主人一生命运入手，考虑到郝思嘉进洞房，人生坎坷，加上当时动乱的时代背景，及市场观众欣赏习惯，遂将片名改为颇具故事性的“乱世佳人”。此片的广告本身又是剧情简介：

《乱世佳人》

写兵荒马乱之奇惨，述海枯石烂之爱情。

华堂歌舞，一夕风烟。

同室操戈，炮轰火攻。

流离颠沛，重重魔蝎。

三度别嫁，千古薄命。

3. 动态戏剧性的展示

人对外部世界的认识与自身机制活动，每时每刻都在运动变化中，运动是人的天性与存在形式，所以无论人或动物都对运动的事物有强烈、自发的反应。

动感就是要反映事物运动的变化特点及时代的千姿百态生活，使广告标题具有生动鲜活，起伏变化的戏剧色彩。

动感，有活动着的图画般视觉感染力，一个有市场的产品，富有个性的创意，有效的广告表现传播方式，是动感广告有效产生及传播的基础。

变化态　戏剧性

优秀广告标题的动态体现了运动变化的想象戏剧性。如“每当我坐在钢琴前，他们就大笑（美国音乐学校）”；“新娘永远不是我，我是伴娘（李施德霖漱口药水）”；“一路欢笑，飞奔3000英里（轮胎）”；“按一下快门，其余的事我来做（柯达相机）”；“渥夫史密特伏特加酒，有着亚历山大三世沙皇般暴烈的性格”；“做女人‘挺’好”（三源美乳霜）……以其戏剧色彩而产生视觉形象，似乎每句标题语都隐藏着一个引人遐想的故事。

2003年11月，青岛海信电脑，在报纸媒体推出一系列广告宣传，其诉求点：海信电脑特有“数据还原”功能，可彻底还原丢失及误删的电脑数据！设计上巧妙运用黑白两色，结合主题，颇具特色，而标题语起伏变化，情节动人，如临其境，摘录如下：

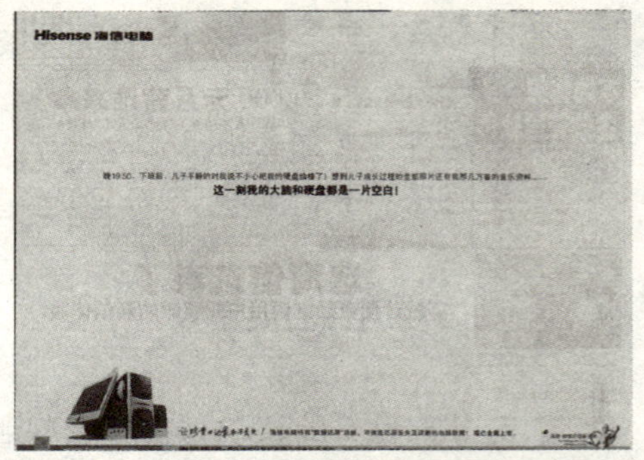

引题：“晚7：50，下班后，儿子平静地对我说不小心把我的硬盘给格了！想不到儿子成长过程的全部照片还有我那几万首的音乐资料……”

主题：“这一刻我的大脑和硬盘都是一片空白！”（青岛早报2003.11.21）

引题：“晚10：30，打开署名BLAKROSE的陌生邮件，一分钟后，系统崩溃了！想到我花六个月时间写的毕业论文……”

主题：“这一刻我的大脑和硬盘都是一片混乱！”

引题：“晚8：30，打开电脑，怎么也找不到个人通讯录！不会是昨天清理文件时给误删了吧！！想到我的所有客户资料……”

主题：“这一刻我的眼前和黑夜一样漆黑！”（青岛早报2003.11.28）

现实而有着具体的情节和故事，不仅感染了受众，仿佛就在身边，似曾经历过，也唤起了目标消费者欲望及潜在需求：海信电脑有“数据还原”功能，这一切都不会发生。让珍惜的记录永不丢失！

福田牌收割机广告获第六届全国广告展铜奖，其广告标题：“拾穗的人哪去了？”　（现代广告 1999.10）

这使人联想到过去百姓用镰刀割完麦子，满地拾麦穗的情景，画面以虚景的拾穗人再现了当年一幕。现在变了，有了福田牌联合收割机，割完小麦接着脱粒，坡里不见拾穗人，大概回家轻松地喝起茶来吧。

从创意表现中，挖掘商品那种富有卖点的“与生俱来的戏剧性”，即使平凡的广告语言，也会产生意想不到的效果。

美国现代广告史上 4 位传奇广告撰文人之一的李奥·贝纳是芝加哥广告学派的创始人，他认为：“我们重要的任务就是把‘与生俱来的戏剧性’发掘出来加以利用，而不是投机取巧，或依赖雕琢的技巧及牵强的联想。”真诚、自然、温情是挖掘广告“戏剧性”的主要表现手法，如他为美国肉类研究所芝加哥总部做的“肉”的

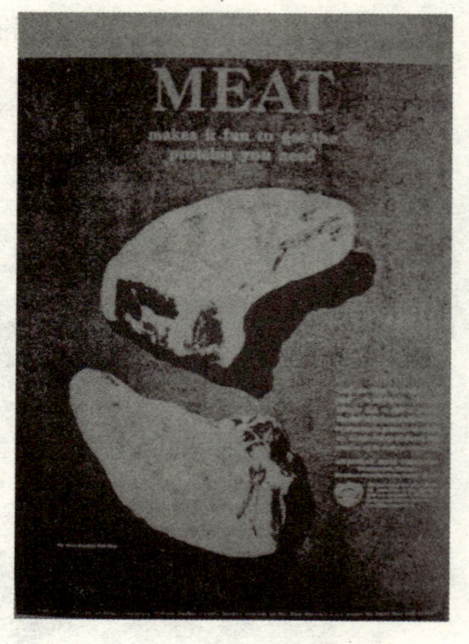

平面广告，主标题只是一个“肉”字，副标题为“使你吸收所需要的蛋白质成为一种乐趣”（现代广告 1999.11）。

正文简练：“你能不能听到它们在锅里嗞嗞地响？……”画面是在红色的背景上，两块鲜嫩的猪排占据了主要画面。自然的戏剧性，一切都在意料之外，最终却在情理之中。

开车不能饮酒是世界惯例。美国马丁广告代理的夏普斯啤酒，是专向司机供应的无酒精酒，于是就产生了这样富有戏剧性的广告标题：

“执照和注册卡？当然有。警察，帮我拿一下啤酒好吗？”（国际广告 1999.4）面对警察盘问检查，即使喝了夏普斯啤酒，司机也能满不在乎、应付自如。情节是有些夸张，但有生活现实感，艺术地表现了该啤酒无危害的特点。

台湾阿瘦皮鞋系列广告，文案说的是女人恋爱、结婚、怀孕的人生戏剧故事，标题则是故事的精彩点，如下：

标题：“为了他，我开始不穿高跟鞋。”

人们会问：“像你这么高，男朋友一定很高吧？”我只回答：“他身高168cm，风趣10cm，自信再加10cm，我看他不止180cm！”168cm×2的恋爱，让我换上一双使爱情平等的平底鞋。

标题：压你一辈子？别天真了！

长辈悄悄告诉新娘子：“新婚之夜，把你的鞋压在他的鞋上，放在床底下，他就一辈子跑不掉了。”拿鞋子押注婚姻，我宁可相信：“找到一双合脚的鞋子是幸运；找到一个合适的人，那就更幸福了！”

标题：从231/2变成241/4的礼物

“亲爱的老婆：人们说，这是上帝变给女人的新尺寸，让你的身份从妻子变成妈咪，我猜想：你变浑圆的臂膀，变丰满的胸围，变厚实的脚，从头到脚的微妙变化，是上帝特别为BABY设计的摇篮……你睡着的时候，我描下了你因怀孕变大的脚形，早就想送你一双新鞋，让你知道：从标准尺寸变大2号的那一天，你应该走得更骄傲。”（中国广告2004.1）

生动鲜活 巧用动词

中国古典诗歌中，诗人非常讲究动词的运用，如“青山欲衔半边日”，“夹岸桃花蘸水开”，“暖风熏得游人醉”，“云破月来花弄影”，“夜雨剪春韭”，“春风又绿江南岸”……这些动词或形容词动词化绘形传神的艺术表现，富有视觉感染力。

广告是时代发展变化的晴雨表，动词是陈述人或物的动作，情况和变化的词，在汉语中是最富有生动、活泼的因素。黑格尔曾明确地说：“能把个人的性格、思想和目的最清楚表现出来的是动作，人的最深刻方面只有通过动作才见诸现实。”王蒙《自传》中曾写到北京过去卖布头的吆喝：“经蹬又经踹，经拉又经拽，经铺又经盖，经洗又经晒。”连用8个动词来表达布的优质特点，形象生动。

在广告标题创作中，当最有价值的信息确定之后，就得选用确切的、最有个性的动态语言来表达它，动词选用的精当与否，在一定程度上左右着标题的传播效果。因此，必须呕心沥血寻找那个能表现伟大创意的词，创造语言视觉印象，使人一见动心。

例如，第五届全国优秀广告展获金奖的胜风除湿机“把广州彻底拧干”。第六届获银奖的中国联通130系列广告，其正题“130月租‘瘦’得让你心动！”副题：“11月21日起，130数字移动通信网月租费由100元调至50元”。这两则广告标题中的“拧”与“瘦”字，用得生动脱俗而产生新颖别致的视觉形象。

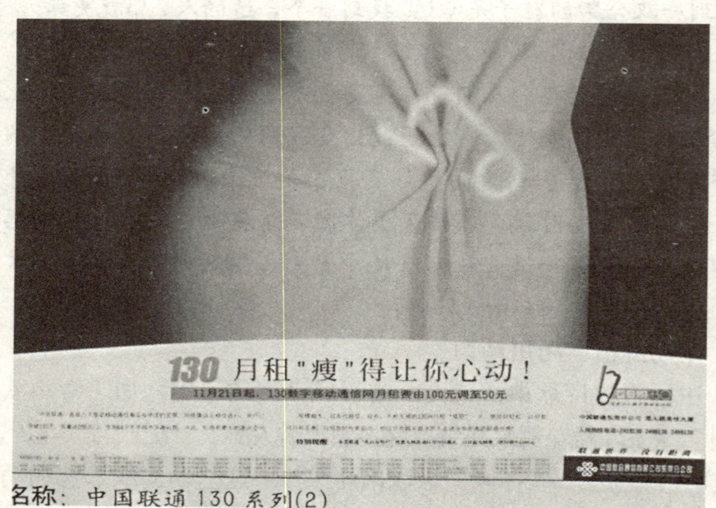

名称：中国联通130系列(2)

诸如“它能在厚厚的夜幕上钻出个300英尺长的洞来”（探照灯）；“暖倍儿冬日芭蕾舞岛城”；“女人挺好”；引题：“丁家宜美白保湿霜”，正题：“给肌肤喝水”，副题：“丁家宜创补水保湿新奇迹”（齐鲁晚报2002.9.5）；“美丽女人睡出来”（半岛都市报2002.7.23 睡宝广告）；“让不动产动起来！”（青岛荣昌置业典当行，《青岛早报》2003.6.20）；“品华东美酒，赏中秋明月”（华东葡萄酒，《青岛早报》2003.9.8）；“把健康种在家里”（饮乐多饮品，《半岛都市报》2004.2.6）……如郭富城的劲歌狂舞《动起来》，活力四射，眼睛着迷，心里感动，能听到时代脚步，嗅到生活气息，享受时尚流行，体会市场风云。动词或遣词用语动词化，准确、精妙运用，在传递单一诉求的信息时，以一当十，同时拥有多重意义而更为丰富，使广告标题语言具有“点睛”之效。一个伟大的广告创意还得靠富有视觉意象的文字表达。

世界级品牌中国家电老大海尔，2003 年在各大媒体推出冰箱新产品——变频冰箱。其广告主题：“海尔变频冰箱，”副题：“变出生活好味道”（半岛都市报 2003.12.18）。正文围绕“变”字具体生动化；“耗电变小——省电约 60%；噪音变小——耳听的感觉小约 50%；保鲜变好——营养汁损失减少约 50%”。据报道，在日欧美等发达国家，中高档冰箱全力推广变频化，而中国变频冰箱发展也进入提速阶段。“变”，体现了海尔追求卓越的创新精神和生活中消费者的发展需求。

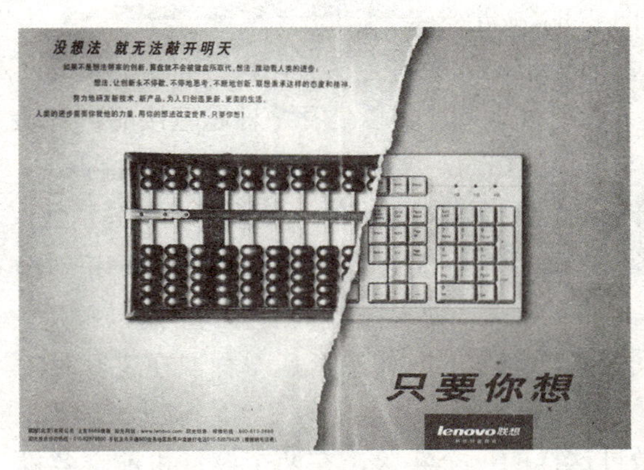

“没想法，就无法敲开明天”，这是《电脑报》，2003 年 10 月 20 日刊登的联想公司形象广告标题。

正文“如果不是想法带来的创新，算盘就不会被键盘所取代。

想法，推动着人类的进步；想法，让创新永不停歇。

不停地思考，不断地创新，联想秉承这样的态度和精神，努力地开发新技术、新产品，为人民创造更新、更美的生活。

人生的进步需要你我他的力量，用你的想法改变世界，只要你想！”

如此抽象意识，理性问题，只有视觉意象的标题才能让人记住。一个“敲”字，意蕴丰厚。

“明天吃什么？”这则广告标题是第12届联合国教科文组织国际招贴沙龙大赛，中国入选的公益广告代表作，并参加世界广告巡回展。

广告标题语，以极强的现实感与针对性，提出了发展中国家面临的耕地面积日益减少的危机问题。画面，以一只民族特色陶瓷碗托起满满的石头森林；一株谷穗在群楼缝隙中艰难地生长。吃什么？人类对耕地面积的大量侵蚀，造成粮食减少，终有一日，人类将会生活在只有石头的世界，粮食与农田不复存在。人类吃什么呢？何以生存？标题直接而富有动感，挟着现实生活气息与危机的焦灼，展望未来，痛心疾首地呐喊。

广告标题的生动鲜活，主要指语言运用的灵活多样，新鲜别致，活泼动人，善于调动各种修辞手段，把客观内容事物的情况和创作者的思想感情活灵活现地描绘出来，使人在感染中得到理解与接受。它富有生活气息，时尚色彩，强烈的时代感，是一种现在进行时的生活或场景。

国际广告学家曾做过这样的一个实验，在两个擦鞋机前，各推出一块小广告牌，一个标题是“请坐，擦鞋”；另一个标题是“约会前，请擦鞋”。结果，后者因语言生动，并能引起人们的联想，比前者的效果好得多。

海尔电脑广告标题：

正题："零利息分期付款，'手提'生活提前来"

副题："月付633元就可以拥有海尔笔记本电脑"（半岛都市报2004.4.30）

中国网通宽带广告标题：

"左耳在苏州听评弹，右耳在威尼斯听歌剧"（参考消息2004.5.14）

长安福特广告标题：

正题："驾驶的激情，你也来感觉！"

副题："提速快，有劲！油门轻轻一点就冲出去了，过瘾"（青岛晚报2004.5.24）

"走，吃绝味鸭脖去！"（半岛都市报 2009.10.15）

……它们是生活海洋里奔腾的浪花，飞扬激荡，标领潮流，因为它生动，所以有感染的力量；因为它鲜活，所以更加精彩。

2009年10月16日《半岛都市报》"快读"版"快人快语"栏

目介绍，贪官是怎么出来的？网民总结出以下几种类型：群众“告”出来的；情妇失宠“抖”出来的；小偷无意“偷”出来的；有关部门据线索“揪”出来的；其他贪官落网“咬”出来的；收好处不办事“揭”出来的；驾名车养美女住别墅“露”出来的；非正常死亡“挖”出来的……表情达意，动词独具中国特色。

4. 形象化语言表现

鲜明，生动，形象的广告语言，是标题文字产生画面感的视觉形式。形象化就是用具体的事物，物象代替抽象的概念和说理，它是通过具体、生动、个别的形象反映社会生活，概括一般事物，给不具体的理念思想以生动的、感情的、美丽的形象表现。广告标题不仅要信息传播准确，还应该用形象思维来表现，将信息个性，主题内容，情感意念寄寓具体形象的描述中。广告虽是商业行为，但表现形式却是艺术性的，它富有语言修辞所产生的艺术感染力。

有个流行的趣闻，我国台湾两个观光旅游团到日本伊豆半岛旅游，路况很坏，到处是坑洞。其中一位导游连声抱怨，说路面简直像长麻子一样。另一位导游却诗意盎然地对游客说：诸位先生女士，我们现在走的这条路，正是赫赫有名的伊豆迷人酒窝大道。同一件事情，不同的形象语言表达，感染效果大不一样。

形象表现离不开活生生具体感性物像，艺术化想象及个性情感。广告中，宋代苏轼的馓子诗，是绘声绘色脍炙人口的佳作："纤手搓来玉色匀，碧油煎出嫩黄深。夜来春睡知轻重，压扁佳人缠臂金。"诗中表现普通小食品的工艺特色："搓"、"煎"、"缠"，使人感到形象生动；"纤手"、"玉色"、"碧油"、"嫩黄"，色彩鲜明亮丽，"夜来春睡知轻重，压扁佳人缠臂金"，运用想象和拟人手法，将馓子描绘成美丽佳人的玉臂，既形象动人，又充满谐趣。

唐代诗人李白赞兰陵美酒的《客中行》："兰陵美酒郁金香，玉碗盛来琥珀光。但使主人能醉客，不知何处是地乡。"诗人用"郁金香"、"琥珀光"来形象地赞美酒的诱人香味与色泽，以实写虚，突出独特个性要素，想象描绘具体形象，形体兼备，其艺术生命力经久不衰，现在依然是兰陵酒的广告词。

形象的东西往往具有引人入胜的力量。它能使标题栩栩如生，产生特有的"磁性"，牢牢吸引读者的视线，成为"停留点"。

例如， "波音有一千张面孔"（波音公司）

"是他拯救了我们国家的脸"（化妆品）

"太阳的唯一对手"（灯具）

"今年二十，明年十八"（化妆品）

"甜而又酸的酸奶有初恋的味儿"（酸奶饮料）

"眼睛是灵魂的窗子，为了保护你的灵魂，请将窗子安上玻璃吧"（眼镜店）

"最大爬坡度100%/45° 比任何人都更接近天空"（途锐运动车）

……这些久负盛名的广告标题妙语，形象地传达了信息特性，使人难忘。

广告标题形象化表现，主要在对主题或标题内容具体特征描绘和修辞语言艺术的巧妙运用，并且要有科学性、真实性、艺术性。

直接或间接描述所传达的信息特征

人类的一切创造都不同程度的含有想象的作用，形象化标题必须具有丰富的想象，不管是描绘想象或感受想象，都要以形象的视觉语言，将抽象化为独特的具体，把普通的事物赋予生命，想象可以创造无穷无尽的形象。这方面不妨借鉴文学大师。

鲁迅在小说《故乡》中曾这样描写杨二嫂：“我吃了一吓，赶忙抬起头，却见一个凸颧骨，薄嘴唇，五十上下的女人站在我面前，两手搭在髀间，没有系裙，张着两脚，正像一个画图仪器里细脚伶仃的圆规。”

杨二嫂“细脚伶仃的圆规”形象给人留下深刻的印象。“薄嘴唇”，表示这是一个善于说话，惯于应酬的女人；“两手搭在髀间”、“张着两脚”的姿态，显示出她的泼辣和放肆。

托尔斯泰的语言，被高尔基概括为“他把对象写的几乎可以用肉体感触到”，“他描写出来的形象，使人真想用手指去碰碰它”，有造型与浮雕般的技巧。果戈理笔下的俄国地主的胖而圆的嘴巴，描写成刚刚从脚盆里提出来冒着热气的脚后跟；锅里煮熟的饺子，被小说作者描写成“像是拥挤而来的羊羔”。创作离不开想象，艺术形象是生活的典型化。

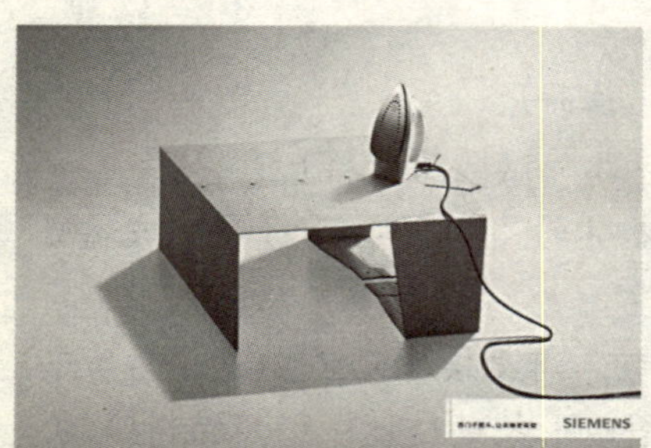

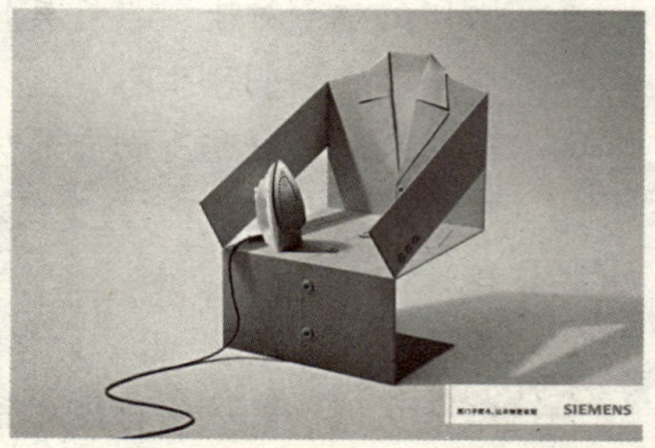

市场上任何商品都是具体的、可感的、个别的，也有接受者的文化认同，一个企业既有外在的产品或服务，又有内在的文化精神，广告所诉求的信息，有“形”有“神”，广告标题抓住信息中具体可感的鲜明特征，生动形象地描绘出来，就能给人留下独特而强烈的印象。“西门子熨斗，让衣服更有型”广告标题语与夸张造型图结合把产品特点表现的形神兼备，棱角分明的“桌子”、“椅子”……西门子熨斗不仅能把衣物熨平，还能熨出你所需要的形象（2008年第15届中国广告节长城奖作品）。

例如，“有百万台冰箱已工作十年了”突出了产品质量。

“在餐桌上为你烹饪”突出了使用方便。

“你不妨尝一口十二岁的苏格兰威士忌”突出陈酿美酒。

“搁起双脚，让你的手指散散步吧”（贝尔电话公司）突出产品所带来的轻松享受。

“产在荷兰，香在全球”（布朗·福尔曼酿酒公司）突出好大销量。

“这辆新型‘劳斯莱斯’在时速60英里时，最大的响声来自电表”细致精确的描绘，源于产品的高质量。

“按一下快门，其余的事我来做”（柯达相机）体现了自动高科技。

正题：“全球共赏”

副题：“索纳塔经历115个国家的气候和路况考验”（索纳塔牌轿车，《半岛都市报》2003.12.25）

正题：“值得信赖，为人爱戴”

副题：“索纳塔全球销量突破300万辆”

（青岛早报 2003.11.5）。

115 个国家的气候和路况考验，全球销量突破 300 万辆，索纳塔确实是一部值得信赖的好车。

“会游泳的‘越野劳斯莱斯’——英国．越野陆虎”（半岛都市报 2004.1.12）。“会游泳”展示了越野陆虎车，跋山涉水越壑如履平地。

主题：“像营养泵一样，把营养…泵到发梢”

副题：“潘婷润发精华素 2 倍修护精华和维他命原 有助减少分叉百分之五十”（青岛广播电视报 2004.8），精细、具体、生动、形象地表现了产品功能特色。

标题“农夫果园番茄汁，1 瓶 =5 个大红番茄”（青岛晚报 2004.4.27）。量词具体可感有表现力，形象感更强。番茄生吃不如熟吃，熟吃不如番茄汁。

可见信息特征方方面面，用形象的视觉语言，丰富而科学的想象，对商品或信息特点作具体、精细的刻画与描绘，任何一点具体形象化，都会具有特写般的刺激，就能创作出以形传神的优秀广告标题。

有时，为强化形象和视觉效果，突出产品或服务点，利用汉字形体特征，或运用人的肢体语言或实物特点，组合创造广告标题文字语言的表现形式，直接展现视觉形象。

例如，海马汽车广告：

主题：“行云流水”

副题：“新一代锐动轿车 Ha/Ma3 锐意登场”（2008 年广州日报杯华文报纸广告奖作品）

第三届全国广告优秀作品展，凤凰营养护肤品系列广告标题，就是利用人们习惯的手势动作语言，代替汉字“一、二、三、四，”构成特别的广告标题表现形式：

“只需‘一’种就行了”

“每季‘二’瓶最适宜”

“凤凰有‘三’大系列”

“凤凰‘四’季都适用”

2004 年 4 月 29 日，《半岛都市报》刊出的澳柯玛空调广告，其标题则是利用产品实物形体特征与文字结合，形成独特的表达方式：

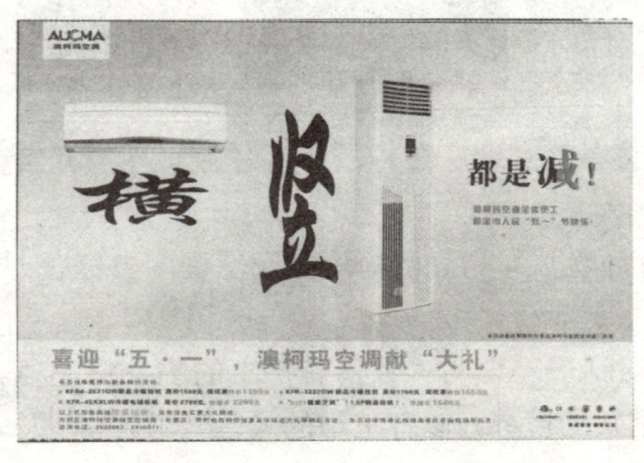

主题：“横 竖 都是减！”

副题：“喜迎‘五一’，澳柯玛空调献大礼”

标题中“横”字扁体，上面是挂式空调产品图片；“竖”字拉长，右边放立式中央空调产品图片。图文结合，具体形象，信息展示一目了然。

间接描写，烘托形式，把产生的效果、优势特征渲染张扬，更有艺术感染力。

例如，国酒茅台的广告标题：“空杯尚留满室香”，杯已空，满室香气扑鼻，表现出“酒中之王”茅台香醇四溢的特点。

魔咔羊绒美体装广告标题：“魔咔，让女人看起来更高，更瘦，更迷人”（半岛都市报 2003.11.27），以穿着效果，让人感觉它美体塑身，神采飞扬。

台湾的一则女性瘦身广告标题：“男人想看，女人想要的”，以一种想象的形象美来映衬瘦身的理想效果。

有两则空调广告标题，诉求点是“静”，表现形式虽然不同，但都在极力渲染中衬托题旨，以形求神，揭示产品无噪音的特点。

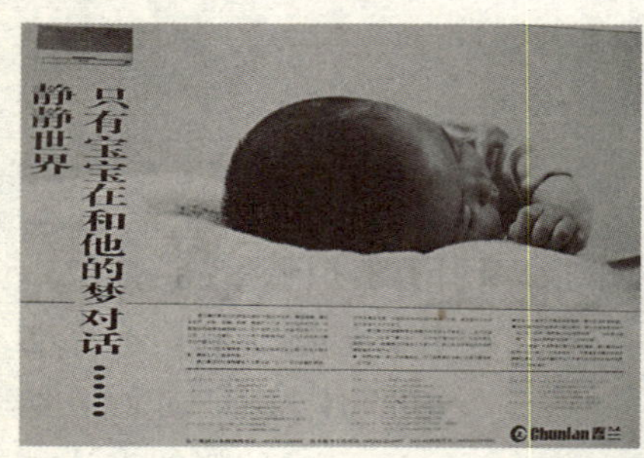

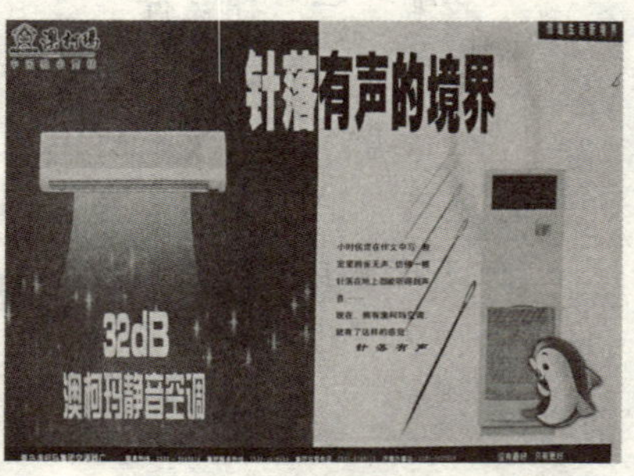

第四届全国广告展银奖春兰空调广告标题：“静静世界只有宝宝和他的梦对话……”

1999 年 4 月 14 日《青岛晚报》刊登澳柯玛静音空调广告标题：“针落有声的境界”

通过“宝宝和他的梦对话……”与“针落有声”的物象特征独特描写，以动衬静，幽静空寂的境界，似有王维的《鸟鸣涧》中“人闲桂花落，夜静春山空”诗意佳境。能创造这样效果的空调，也是目标消费者所期待得产品。

广州“金桂园”系列广告（中国广告 1999.3），通过一些日常生活细节，衬托出温馨祥和优雅的人文居住环境，令人向往。

引题：“老婆，你这套保健药箱往哪里放啊”

正题：“在金桂园住宅特区，也许你可以将家中的那套保健药箱丢掉”

引题：“你看，下雨还有人在花园里拍拖！”

正题：“在金桂园住宅特区，就算设在花圃边的椅子也有意想不到的惊喜”

引题：“明仔，快将这碗香芋端给邻居王仔！”

正题：“在金桂园住宅特区，一碗普通香芋，也能充当邻里间爱的使者”

运用修辞手法使抽象的事物形象化

企业形象，产品个性，营销理念，时尚流行等许多信息在直接展现它的形象时较困难，易流于抽象概念。此时，借助修辞艺术，使视觉语言凸现特定的个性，让抽象的信息富有形象感，如常见的手法有比喻、拟人、双关、夸张等。

摩托罗拉手机标题语：“出乎意料的薄”（第 14 届中国广告节获奖作品）。鲜红的肉，纹络清晰，刀一样切割，真是出乎意料的薄。画面的夸张，提升了文字的表现力。

比喻式广告标题，比喻是引用人们

熟知的事物来描绘，说明不熟知的或比较抽象的事物。是广告标题中运用范围最广，频率最高的一种表现手法。具体、活泼、优美、有趣、易懂，且能概括丰富而深刻的内容，给人以亲近和更多想象的余地。很具吸引力，能打动人们的情感，适合传统审美意识，恰当运用具有一种奇特的力量。

例如，“黑夜的眼睛”（汽车车灯）

“它像羔羊般温柔”（威士忌）

“让情人的体贴，温暖你整个严冬”（围巾）

“像火焰般热情”（火焰牌唇膏）

“酒和老婆一样；三十岁前像情人，三十岁后像亲人”（龙徽葡萄酒）

台湾一个获奖广告作品，是推销儿童鞋的，其广告标题：“像母亲的手一样柔软”，画面是母亲用手捧着宝宝的小脚。

该广告为表达鞋的“柔软”特点，用了一个形象的明喻：像母亲的手一样。世上唯有母子之情最真挚、最温柔、最体贴，这种形象的比喻，具有亲情感染力，使消费大众对儿童鞋产品产生美好呵护的印象，激发目标受众购买欲望和行动。

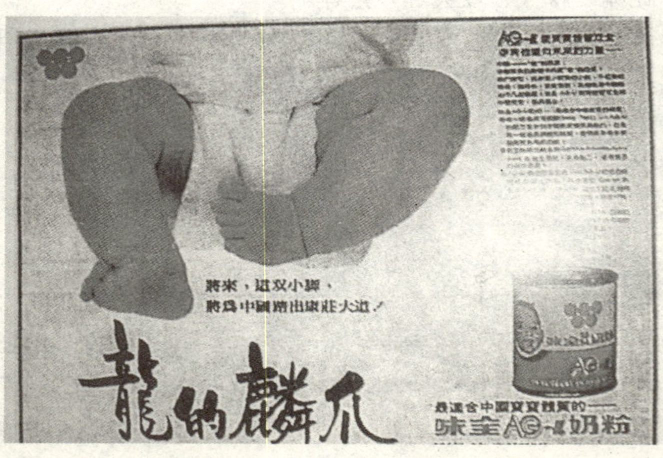

台湾“味全AC婴儿奶粉”广告标题：“龙的鳞爪”；广告画面上方是婴儿两只胖乎乎的小脚，醒目可爱，小脚下面是两行意味深长的说明词：“将来，这双小脚，将为中国踏出康庄大道”！

望子成龙，望女成凤，是中国人对下一代的期望，广告中把婴儿的小脚比喻“龙的鳞爪”，融入了华人的心理与价值观。

婴儿吃味全AC奶粉，不仅会健康茁壮成长，还会踏出人生的康庄大道，成就一番事业。广告产品对婴儿家长而言，有极强的诱惑力。

不管运用明喻、暗喻，或借喻，都要喻体和本体，具有可比性和相似性，做到恰如其分，既能创造形象感，又有广告促销功能。

比拟式广告标题，是从所传播的信息特性和广告创意出发，以人比物或以物比人，赋予物以人的生命和思想感情，使之人格化，又可以用物的特性来表现人的特征，包括拟人、拟物两种，这种修辞手法，使标题具有生动、形象、活泼、亲切、有趣的特点，受众易接受，具感染性和销售力量。

例如，“我们是您从不作声的仆人，却有着一百双手”（厨房用具）

“花花公子，跑遍全世界”（花花公子牌香烟）

“太阳下山了，‘莱托里奥斯’登场了”（莱托里奥斯灯具）

“跟着领袖吧，他的名字叫本田”（本田公司）

“我是一个煮饭婆，家家户户都用我”（香港电饭锅）

广告中拟人形式的标题，状物写情，无中生有，活灵活现，富有生命形象，如2003年海信的广告标题：“有爱，科技也动情”。

《国际广告》杂志1999年第5期，佳作赏析中举例苏普牌鞋系列广告，拟人式用语与广告画面构出活泼、诙谐特点。

标题一：那天我们一片混乱。

标题二：那天我对他喊出：“我爱你”。

标题三：那天我给叶利钦一个建议：苏普戈，你恨它或者爱它。

标题四：那天我拜访了托尼。

标题五：那天我踏上爱丽舍宫的石阶。

广告标题以同样的手法，赋予鞋以人的思想情感。有影响的人物也许会操纵世界，但苏普戈不受大人物摆布，它的魅力在于大胆反叛与众不同，个性强烈特立独行，形象风趣辛辣。

比拟的手法，其特点在于“拟”字，即要把适用于人的动词或形容词移于物，或相反而用，使之呈现跳跃性，使受众展开想象的翅膀，捕捉它的意境，体味它的内涵。这要求“主体”（产品）和“客体”（人的各种情感等）之间要恰当自然，不能牵强附会，生拉硬拖。要创作优美的拟人广告标题，就必须认真确定并掌握“主题”信息特征，在此基础上捕捉对消费者具有吸引力的有价值的信息并人格化，形成受众乐见的视觉形象。

双关语广告标题：双关就是引用汉语同音，近音相谐以及一词多义的特点，用同一个词语同时关涉两种不同事物。

表现上明说的是这个意思，实质上暗指的却是那个意思。双关语广告标题，有时两种意义都重要，有时一个是次要的、表面的，另一个是隐含的、主要的。有的是谐音双关，有的语义双关，或名称双关。这类广告标题在广告创作中是一种很巧妙的表现形式，有一箭双雕之功效。

例如，谐音双关标题：

“红梅味精　领鲜（先）一步”

“衣物杀菌新配方，全家健康有‘衣’（依）靠”（衣洁露衣物消毒液广告，青岛晚报2004.8.12）

“献给情人的精美礼物，让她天天‘响’（想）着你”（DVD小型音响组合系统EX—A1/D1情人节广告，青岛晚报2004.2.11）

“红常青羊胎素 解决您的‘老’问题”（保健食品广告，生活导报2000.10.31）

“将来，就有将来”（TCL招聘广告，半岛都市报2004.7.22）

语义双关标题，该类尤以企业名称或产品名称嵌入双关居多。如：

一家催化剂公司的广告标题：“人类进步需要催化剂”

爱迪生电器公司广告标题：“一切归功于爱迪生”

青岛阳光百货广告标题：“阳光，闪亮你的人生！”“只要心中有‘阳光’，生活就会充满希望。”

“人类失去联想，世界将会怎样”，这则出自中国IT业巨头联想集团的广告标题双关语，带有极强的原创性和震撼力，“联想”成为双关词，它说明联想对人类的重要性，暗指中国IT企业不能没有联

想集团，气魄雄伟，一代老大之势，企业形象令人肃然起敬。

2002年青岛《城市视线》杂志广告刊登“鳄鱼咖啡酒吧”，没有图，只有文字，摘录如下：

标题：鳄鱼出现了！

正文：咖啡，啤酒，马提尼

什么都好，来一杯

兴奋，沉醉，情迷离

怎么都行，夜不归

街灯亮了的时候就换个面孔

不能让我的病就是没有感觉

我是鳄鱼　只有身体坚强

你不来，我像岩石一样静静等着，

你来了，我像情人一样泪流满面。

鳄鱼咖啡酒吧

“鳄鱼出现了！”令岛城人愕然……细读才知道原来是指鳄鱼咖啡酒吧，“鳄鱼”在这里是语义双关词。

词语的意思关涉两个对象“指桑说槐”。2003年郎酒集团，其车体或电视广告标题语：“郎啊郎，别太忙”状似贤妻的爱惜呵护，实则张扬着郎酒热烈畅销，推杯换盏，觥筹交错被人青睐的几份自豪。

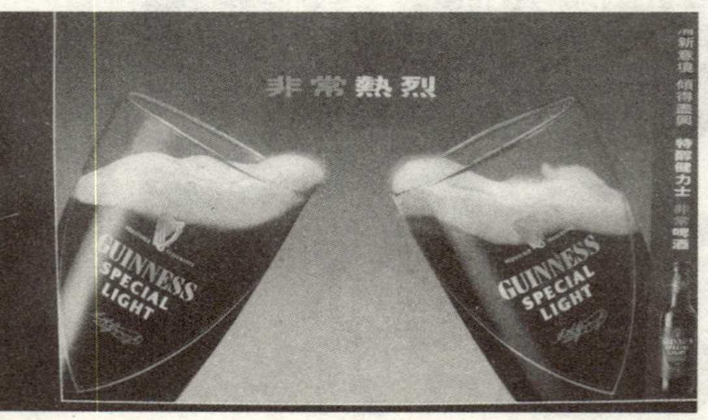

《现代广告》杂志1999年第8期全球新作刊登Guinness啤酒（非常啤酒）系列广告，其广告标题语分别为：“非常有礼”（画面，两只酒杯），“非常热烈”（画面饮酒碰杯），“非常共鸣”（画面一排酒杯）。广告创意从人情角度，广告标题语双关，既有人文的亲和力，又把啤酒的品位、销售度、产品美誉度隐含地渲染出来，婉转地体现了产品的价值。

广告标题中运用双关语，要注意“表”“里”两重意义的内在联系，要斟酌情境，由表及里，言此意彼，名实益彰，并让人清楚明白，而更多有特色形象感的双关语广告标题，是采用了产品或企业有良好创作空间的名称，借题发挥，就势造情，引申开来，提升出哲理性或感情色彩的形象语言，达到弦外之音的广告效果。

广告标题形象，在于修辞手法不能脱离广告主题需要及受众接受习惯，要精心选择标题所适用的形象。一方面要注意广告标题所用形象的新颖独特，用一个形象不厌其烦、重复比喻同类产品，不会博得读者好感，一个形象的广告标题，有不可替代性，张冠李戴，只能留下笑柄。另一方面要注意广告标题所用形象语言的贴切易懂。古人云：“比类虽繁，以切至为贵。”要在对产品全面了解的基础上挖掘与广告中心思想紧密联系的形象，主题与客体及受众有相关性，符合产品表现特点，也适应消费者特定文化环境下形成的接受习惯。

六、幽默感

幽默是人类最易接受的语言交流形式，幽默性广告标题是一种重要而有效的表现手法和赢得人心的一种自然方式。

幽默式广告标题有不可抗拒的情趣与魅力，戏剧性的娱乐和含蓄的说服力，提升了广告的审美价值，有效地吸引受众的注意力，唤起消费热情。

创作幽默性广告标题，要幽默的形式与广告的产品或服务有必然的内在联系，广告标题幽默感应是心灵智慧的花朵，有新鲜感，展示一种高雅纯正的美感。

（“小心有一天盗版盗到你头上”，第11届中国广告节获奖作品）

1. 幽默在广告中的价值

幽默的特点

“幽默”一词，在我国最早见于《楚辞·九章·怀沙》：“眴兮杳杳，孔静幽默。”此处“幽默”意为“幽寂无声”。1924年林语堂在《晨报》副刊撰文将英文的“humor”译成“幽默”。“幽默有广义与狭义之分，在西文用法，常包括一切使人发笑的文字，连鄙俗的笑话在内……在狭义上，幽默是与郁剔、讥讽、揶揄区别的……最上乘的幽默，自然是表示‘心灵的光辉与智慧的丰富’。”（林语堂：《论幽默》　《人生的归宿》第506页）

我国漫画家华君武创作的幽默画《决心》，刻画了一个嗜好抽烟的人，心血来潮决心戒烟，把自己的烟斗扔在窗外，突然又飞奔下楼，美滋滋地伸出双手接回了那只烟斗。画家把这位“烟迷”与烟斗难分难舍的情感描绘得淋漓尽致，通过人跑得比烟斗落地还快这一夸张手法幽默地进行表现，使人在笑声中咀嚼出《决心》的讥讽味道来。

鲁迅是个幽默家，讲过这样一则故事：有个绅士，假定他是四大人吧。他有钱有势，人们都以能够和他攀说为荣。一天有个专爱夸耀的小瘪三兴高采烈地告诉别人说：“四大人和我讲过话了！”人家问他：“说什么呢？”小瘪三答道：“我站在他门口。四大人出来了，对我说，滚出来！”

鲁迅先生用凝练、机智、风趣的方式，让人在笑中揭示出生活的意蕴。

上述两则故事体现出幽默最基本的两个特征：一是会心，有所会悟；二是有趣，叫人发笑。如《汉语辞典》所释：幽默指有趣或可笑而意味深长。

幽默广告的价值

有人说第三次世界大战是广告之战，当市场进入消费导向时代，广告之多无一复加，海陆空无所不在。当人们受到众多广告长期频繁的冲击后，已烂熟广告的各种手法，对广告的厌烦程度已达到缺乏翻动眼皮的力量，神经已被广告信息磨蹭得有些麻木。而娱乐性很强的幽默性广告，能使人们的眼睛为之一亮，会心发笑赢的好感。

所以，幽默感是一种重要而有效的广告表现手法，是赢得人心的一种自然方式。像一位哲人所说："赢得他们的心，他们的钱袋就唾手可得了。"20世纪70年代美国广告中幽默广告的比例已达到15%～40%。这些年来更有上升趋势，如国际广告大奖Clio获奖的广告大都运用了幽默的表现手法，其他广告奖的获奖作品也大约有1/3使用了幽默的表现手法。幽默使人解除装备，它以预约的方式表达人们的真诚意念，给人以友善和宽容，使人更容易去接受那些在严肃谈话时难以令人接受的想法和意象。

例如，下列几则妙趣横生的公路广告：

马来西亚柔佛市车辆管理严格。在安全月期间，交通部在安全牌上风趣地告诫司机："阁下，驾车时速不超过50公里，您可以欣赏本市美丽的景观；超过100公里，请到法院做客；超过130公里欢迎光顾本市医疗设施齐全的医院；到了160公里，请您安息吧！"

美国西海岸一条公路急转弯处，有一块广告牌上写道："如果您的汽车会游泳的话请照直开，不必刹车！"

美国一条高速公路有这样一块提示性广告牌："此处已摔死3人，您愿做第4个吗？"

这些广告以内庄外谐的态度，通过诙谐、戏谑的形象，寓教于乐，达到独特效果。

幽默广告的市场价值，是它成为赢得观众的最佳手段和有效的"经销"策略，增强了广告的感染力与冲击力。它已成为现代广告大师手中的一根魔棍，为企业和商品不断创造市场上新的成功机会。正如广告大师波迪斯所说："巧妙地运用幽默，就没有卖不出去的东西。"

幽默广告之所以受到人们的热爱，在于其独特的美学特征与审美价值。它善于发现并抓住事物的现象与本质之间矛盾的偶然的某些侧面，通过对美的肯定和对丑的嘲弄两种不同质的情感的复合，创造一种充满情趣而又耐人寻味的幽默意境，产生出幽默的火花，使接受者直接领悟到它所表达的真实概念与态度，从而产生一种令人微笑的特殊审美效果。

幽默广告的社会功能，突出表现在干预生活和娱乐两个方面。它曲折而真实地再现社会生活，表达一定的社会理想和审美概念，通过褒与贬的立场，影响人们的行为方式，推动社会生活文明潮流的变化。它的干预社会生活的功能是通过其娱乐功能来实现的。即受众在享受广告娱乐的同时，潜移默化地受到广告的影响和劝说。淡化广告的功利色彩，消除人们的逆反心理，令人一见就喜欢。

2. 幽默式广告标题的魅力

所谓幽默式广告标题，就是充满智慧和想象力的一种有趣或可笑而令人深思的语句。它具有幽默的两个基本点，即有趣、可笑，并充满睿智与想象力，含有意味深长的内容。它的思维方式是不同一般的构思，是对心理惯性的一种特殊反叛，涉事言物，论性说理，参透明理，看穿人性，在情理之中，却在意料之外。片语解颐，自然成趣，产生会心的微笑。

幽默式广告标题本身具有不可抗拒的情趣与魅力，可以引发消费者对广告的注意，激发其对广告的商品或服务的兴趣，赢得消费者的好感，增强对广告的记忆度，促进购买行为，幽默式广告标题富有情感，能在情感上赢得目标消费者的亲近、好感、认同，于轻松有趣的情境中实现广告的说明功能。

戏剧式娱乐能有效吸引消费者，并产生审美享受。

注意是心理活动时对一对象的集中与指向。标题诱导注意是广告的一项重要功能。一个广告如果无人注意，就形同虚设，造成浪费。幽默式广告标题的戏剧性特点，有故事，有情节，增强了广告的想象力和趣味性，能有效地吸引消费者对广告的注意力。它将严肃的推销目的包藏在轻松诙谐的喜剧气氛中，唤起消费大众的关注热情，从而造成一种自然传播的默契，并在这种默契中诱发人们的购买欲望。

例如，标题：“请把你家的狗拴牢，不然它会自己跑到卡斯克公司的”（宠物食品公司广告）。标题没有正面说食品多么的好，味道美，而以假设戏剧性的狗“跑”觅食，来赞扬卡斯公司宠物食品的美味与受欢迎。

“如果你的哈维·普洛佰椅子是歪斜不定的，你得补平你的地板。”

“如果‘沃尔芙’也无法改变您的形象，您还是什么也别穿就上街去吧！”（沃尔芙服装广告）

这两则广告标题在构思上有异曲同工之妙，对自己产品的自信与赞美，没有正面宣传，而是风趣、调侃，戏剧化地将矛盾指向消费者自身。“补地板”或不穿衣服上街，理性的倒错，突破人们原有的心理定势，新奇有趣地传递信息，使消费者在娱乐中愉快地接受。

幽默式广告标题，巧妙地创造喜剧性特征，运用风趣的情节和语言形象，把某些需要肯定的或诉求点扩延到漫画程度，造成一种引人发笑而耐人寻味的幽默情境。戏剧性矛盾冲突可以达到在意料之外，又在情理之中的艺术效果，给人们以赏心悦目的快感，使真、善、美的事物得到强调与渲染，增添浓郁的艺术情趣，既促进产品或服务的销售，又让消费者在情感上获得一种美的享受。

海尔高清晰电视广告标题语：“我家的新电视，怎么又磕掉，猫咪的牙？”（第11届中国广告节获奖作品）电视的高清晰逼真性，让那条摆尾游动的鱼，引诱吃腥的猫又上当了，鱼没吃着反而磕掉了牙。仿佛看到戏剧性的一幕：猫呲牙扑鱼的瞬间，风趣地透出电视高清晰度的效果，真实自然。

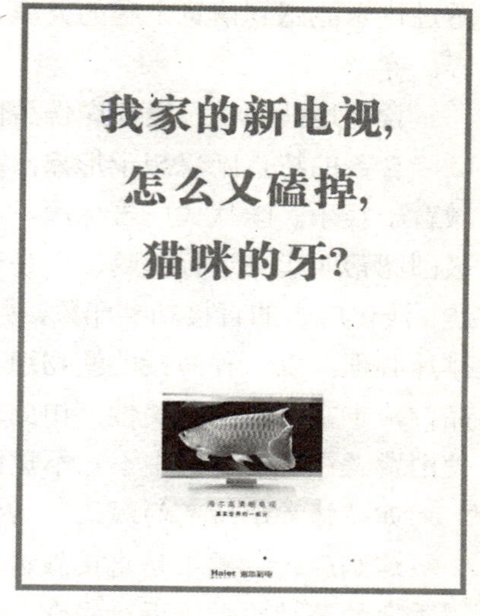

如下列标题：

“它唯一的缺点是每小时110公里时，你仍听得见在后座的丈母娘唠叨的每一个字眼”（法国金龟汽车广告）

“眼睛是灵魂的窗子。为了保护你的灵魂，请将窗子安上玻璃吧！”（法国一家眼镜店广告）

“请不要与从本院出来的女人调情，她也许是你的外祖母”（美容院广告）

“任劳任怨，只要还有一口气”（轮胎广告）

“它能粘合一切，除了一颗破碎的心”（黏合剂广告）

……

“老公，我们全都看你了！”这则标题是父亲节时台湾歌林公司推出的企业形象广告，旨在表达企业为社会尽职，关心消费大众的经营宗旨。

广告采用了一种别开生面的“见物不见人”的创意表现。画面上4双代表不同身份的鞋子整齐站立排在一起，代表母亲和一对儿女的3双鞋子倒向右边排头父亲的那双皮鞋。母亲喊出：“老公，我们全都看你了！”表达了对丈夫和父亲的信赖与希望。整个广告洋溢着真切的情感，家的温馨，家人的关爱，激发人们对纯真情感美的珍惜和追求。

艺术的情趣源于生活的情趣，它是从现实生活中散发出来的，透过快乐能感到信息主题的灵魂，微笑依附的是商品独特的本质内容。

含蓄地鼓动性，提升广告品位，有良好说服效果。

含蓄的特点隐思想于形象，藏意义于画面，蕴哲理于情感，寓教育于娱乐。幽默式广告标题，不是直接浅露地向消费者伸直脖子鼓圆腮帮叫卖式进行吆喝，而是迂回曲折、含蓄委婉地表达广告主题，淡化广告的直接功利印象，克服消费大众对广告的怀疑、戒备、排斥心理，以一种间接的润物细无声的潜移默化方式，提升广告的品位，丰富信息的审美性。由此加深广告信息影响的力度和深度，使消费者在轻松愉快中不知不觉地接受广告劝说。

如“抹掉您所有的烦忧”（香皂广告）

这则广告标题不是直接叙说香皂的特点、功能，而是把人们使用香皂的精神感受告诉给受众，从而使人们发出会心的微笑，收到好的效果。

如“我们的最新产品最能吸引异性，因此随瓶奉送‘自卫教材一份’”（香水广告）

“一滴是为美，两滴是为情人，三滴就足以招致一次风流韵事”（弗劳里克牌香水广告）

这两则广告标题没有像一般香水广告标题那样：“注意，它会产生太大的诱惑力”；“香艳无限，浪漫无极”；“美的天使，爱的化身”。而是以丰实的想象力与艺术夸张，烘云托月般衬托出使用的效果，该香水特有的功效也充分渲染出来。这美，这情，这“事”，都是这香水惹的。

如广告标题：“这部电脑的缺点是不能为您冲咖啡”（美国电脑广告），明贬暗褒地张扬产品的完美，无与伦比。

“美国哈格长裤”广告标题：“长裤使审判中断”。

画面中央一个身着笔挺长裤的男子双手叉腰，神气十足地站在审判台上。由于长裤流行的款式和精美的做工，吸引了法庭上所有人的眼光，法官也以惊奇的目光审视着长裤而忘记了自己的职责。

长裤的展示使审判工作受到干扰而中断。长裤的魅力在含蓄幽默地表现中张扬出来，诱惑挡不住！

3. 幽默性广告标题创作要素

广告实践证明，幽默性广告标题是广告有效的形式，它可以唤起消费大众参与的热情，打破传统偏见麻木造成的广告与消费者之间的隔膜与阻力，增强广告的感染力与说服力，在快乐中实现广告的商业目的。但幽默不是万金油，不是任何商品或服务都适合使用这种形式的。因此，创作幽默性广告标题时，要有一定的原则。

幽默与广告的产品或服务必须有必然的内在联系，幽默的情感特征必须与产品或服务的性能、特点和谐统一。

如标题："如果'佩利纳'还不能使你的鸡下蛋，那它们一定是公鸡"（佩利纳饲料公司广告）。

能下蛋的一定是母鸡，公鸡不会下蛋，这是常识，一个转折的句子：如果……那……实话中抖出笑料情趣。"佩利纳"饲料，不仅利于鸡的成长，还能使鸡多下蛋。

标题："如果你的哈维·普洛佰椅子是歪斜不定的，你得补平你的地板"。

椅子歪斜只有两种可能，一是椅子做工不精，腿高低不齐，二是地面或地板不平。标题语以调侃而不容置疑的口气告诉你，椅子的质量工艺绝对一流。而谁家又会以椅子而补地板呢？不可能而又煞有其事地告诉你，幽默大师产品的优越性得到了认同。

广告标题幽默感要有原创性与新鲜感。

要以商品或服务本身引发别开生面的创意构思，创造与信息特征相关联的情感亮点，有独一无二的新颖性，富有新鲜感原创性的幽默，才能博得受众一笑，达到广告表现的目的。成功的幽默性广告标题语都是智慧的花朵，独此一枝。否则没有“包袱”效果。

如法国一家小吃店在路旁竖有一块广告牌:“请到这里用餐吧！否则你我都要挨饿了”。这句话被很多类似小饭店移植于门口处，但早已失去了幽默效果，有意无趣。

幽默感的广告标题要善于运用智慧与哲理来说明事实，表达一种高雅纯正的情趣，给消费大众以睿智而风趣的美感。

广告标题中的幽默，通俗而不庸俗，轻松而不滑稽，抢眼球而不喧闹，它是思想与艺术的结合，理与趣的统一，在美的感受中让人回味，那是智慧的、轻松的、富有想象力的语言，不是肤浅的、太露的、低级的笑料，或仅为开怀一笑的“段子”。

例如，标题:“搭起双脚，让您的手指散散步吧”（电话广告）。悠闲逸情，手指起舞，打电话的乐趣油然而生。

标题:“支撑着你的裤子，也支撑着你的尊严”（背带广告）。背带不仅是提携人的裤子，还撑着人的尊严，试想在人面前掉下裤子来是种什么感受？还是要一种好背带。

4、幽默性广告标题的表现手法

一则成功的幽默式广告标题应该是内容与形式的统一，信息卖点与消费动情点的结合。表现手法与艺术形式越完美，越富于创造性，广告标题艺术感染力的效果就越强。

比喻

比喻是广告标题常用的幽默表现手法，它的另外的事物或道理是与广告信息的个性进行类比，在“打比方”中产生幽默感。它与一般修辞上所说的比喻，不尽相同。一般比喻以确切、神似、协调的原则，但广告幽默性标题所用的比喻，不管形象比喻，还是事理比喻，往往追求大的反差和不协调，以达到独特的艺术效果。攀达轮胎广告（第11届中国广告节获奖作品），把竞争上岗、择优录用的现代人力市场法则运用到产品销售中，轮胎与石碾子两个不相关联的物件，因共有的耐磨性，像人力市场一样也要竞争上岗了，结果千百年来原配的石碾子，在新产品面前甘拜下风下岗了。

“甜而酸的酸奶有初恋的味儿”（日本某酸奶广告）。这是日本某公司为其酸奶饮料所做的广告副标题。当时有新闻记者问：“如果小孩子问什么是初恋的味道时，怎么办？”当经理的三岛海云即席回答说：“没啥，就回答说初恋的味儿就是酸奶的味道就行了。”

言物逸情，喻事明理，形象含蓄中不失优雅情趣，在我们的传统文化中有不少佳作，值得借鉴。

北宋才子秦少游娶才女苏小妹为妻，夫妻俩吟诗作对，夫唱妇随，感情甚笃。随着岁月的流逝，他们一晃到了中年。此时，秦少游官场春风得意，如日中天。而苏小妹则因生育子女，操持家务，脸显年老色衰状态。秦少游受达官显贵浸染，想讨小妾，又难于开口。有一天，他在案上画了一荷塘，又写了一上联：

“夏尽池塘，荷败莲残，叶落归根成老藕。”

苏小妹看了，知丈夫之用意，于是她在案上画了一堆谷穗，并写了下联：

“秋收场上，禾黄稻熟，吹糠见米现新粮。”

苏小妹以“禾黄稻熟”对其“荷败莲残”，责其功成名就，事成而弃，并含蓄地讽刺他现在想弃旧纳新，实在是吹糠见米般的容易。并以“新粮”巧对“老藕”，用“老藕”和“老朽”，“新粮”和“新娘”的谐音相比。

秦少游见她不同意，仍不死心，他见苏小妹酷爱梅花。客厅里摆有一盆寒梅，便做一首《孤芳词》再试妻子，词曰：“一株寒梅，孤芳自怜，岂不闻地上有柳叶桃枝，天上有朝云暮雨？多几朵芙蓉芍药无过分，何必一花独放，独占玉堂春！”

苏小妹看了，知丈夫仍未死心，夫妻多年朝夕相处，一向情投意合，现在丈夫移情别恋，心里难过。为了表达自己对少游的感情，她用泥巴捏了两个小泥人，做了一首《我侬词》，词曰：“阿妹阿哥，往日情多，情多处，热如水，把一块泥，捏一个你，再塑一个我，我身上有你，你身上有我，我同你生同一张衾，死同一个椁！”写完，苏小妹登舟回娘家去了。

少游看后，悔恨交加。深感妻子情真意切，感情受到很大的震动。他打消了弃旧纳新之意，将妻子接回来，和好如初。

借题发挥，情赋予景，以物喻人，情景交融，物人相同。物与物的情感交流，替代了两人直面的思想碰撞，委婉含蓄的情感倾诉中，化解一场恩怨风波。

标题：“先是低声细语，然后便会大叫大嚷”（大本钟表公司闹钟广告）。像娇妻般温情，在耳边低声呢语：好起床了，酣睡不醒，又似悍妇大呼大叫，人格化的闹钟报时功能生动风趣地表现出来。

标题：“有如第二皮肤”（台湾牛仔裤广告）。自然、合体、舒适、耐磨、完美，这样的牛仔裤，还有什么比人的第二张皮的比喻更恰当呢？无可挑剔。

标题：“想喝什么就喝什么，但不要想哪儿方便就哪儿方便，去你该去的地方。”画面，繁华街道旁，墙的一角，一男士狗状小便（广告狂想曲·欧洲最新创意（1），2002.5）。它的幽默源于标题语与画面的交相辉映，人不能像狗那样没有文明自律，讽刺性指出这种不文明的生活行为。

标题：“山羊。”跋山涉水，迎风冒雪，恶劣环境中生存的山羊，其坚忍、顽强、无所畏惧的生命力，正是该车优越性的象征，形象有趣。

夸张

中国文坛有则流传已久的趣闻，苏东坡的妹妹苏小妹才貌双全，以文选婿。纨绔子弟，当朝兵部尚书之子方若虚，慕名应试。苏东坡为了不得罪方公子，就对他说，小妹徒有虚名，生来凸额角，长面孔，凹眼睛，容貌奇丑。

方问：“额角凸出多少？”苏说：“未出庭前三五步，额角已到画堂前。”

方问：“面孔有多长？”苏说：“去年一滴相思泪，至今未流到腮边。”

方问：“眼睛有多凹呢？”苏说：“几会试泪清无底，留却汪洋两道泉。”

方公子听后连连作揖说：“抱歉，抱歉，请她另选乘龙快婿吧！”

苏东坡在夸张中幽他一默，成为民间趣谈。

广告标题夸张性幽默，则是运用丰富的想象力，有意地夸大或缩小广告商品或服务的品质、性能特点或外观，虚构看似不真实或不合逻辑，但人们却容易理解这种有意识的渲染张扬，在一般中求奇变，给人带来一种耳目一新的情趣。其夸张因素常被置于与现实因素相对立的位置上，引用两者自相矛盾、似是而非的关系，造成特定的幽默可笑的情境。

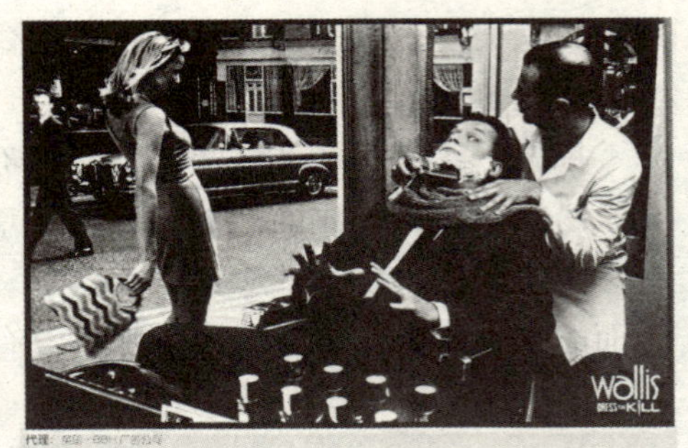

人靠衣服马靠鞍，美女帅哥也靠戴和穿。在包装显示形象的今天，服饰的魅力令人惊叹。即使荆钗布裙的村姑，换一身时髦的行头，也会变成时尚女郎；天生丽质像乞丐般装束也难登大雅之堂。如果是一个婀娜多姿国色天香的美女，又美服靓衣着体，那就有魔幻神奇的功效，让人入魔着迷，不顾一切也要一睹风采。“衣服杀手”的广告主题语，就是这种幽默性夸张的艺术演绎。时尚女郎身着沃丽斯时装，招摇显眼，造成险象丛生；广告画面从不同的角度，艺术地再现了“衣服杀手”生活场景，当男人被女人漂亮的衣着外表吸引时，他们的处境就很危险了。夸张的有点红颜祸水。

标题：“本公司在世界各地的维修人员都闲的无聊。”（西门子公司广告）

标题：“除了钞票，承印一切。”（印刷公司广告）

标题：“这部电脑的缺点是不能为您冲咖啡。”（美国电脑公司）

这些夸张因素与所要诉求的信息本质说不清道不明的模糊关系，甚至是矛盾的，造成特殊的情感效果，标题中自暴的“缺点”，受众非但不认可，而觉得它更优秀，突出动人，在逗你笑的夸张中，信息卖点也被自然笑纳接受。新颖而不落俗套，增强了艺术感染力与广告传播效果。

“今年二十，明年十八”。是20世纪80年代中后期流行的广告标题语，也是上海制皂厂白丽美容香皂的一则成功的幽默性夸张广告标题。

在进口品牌冲击下，国内制皂业奋发图强，创造了新概念的美容香皂。“今年二十，明年十八”这种违反逻辑的夸张，让人听起来比千真万确的真理还入耳。越活越漂亮，越活越年轻，爱美心理被风趣夸张尽情宣泄，悖理违规也能让人欣然接受。

2004年第2期《国际广告》，佳作赏析栏目智威汤逊北美2003年作品精选中，西联汇款广告，在风趣夸张性的表达中感受到“一切为了客户”的服务理念，如：

标题：“快把屋顶送过来！”画面是接满水滴的铁桶。

标题：“快把外婆送过来！”画面是攥着小脚咧嘴大哭的婴儿。

标题：“快把眼镜送过来！”画面是模糊的路边标识牌。

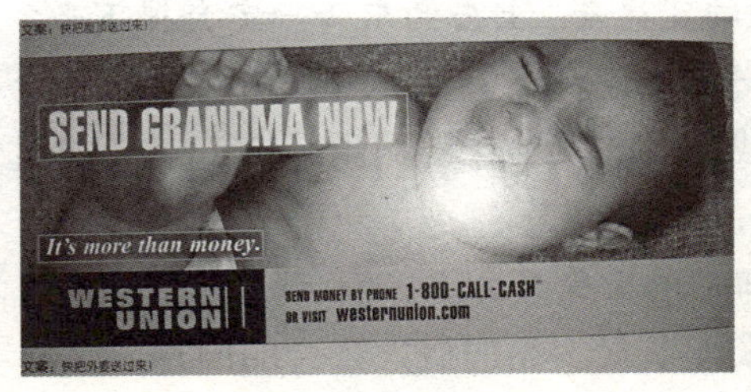

大到屋顶，小到眼镜，从人到物，西联汇款在你生活需要的时候，及时送上的不只是钱。标题语命令式，语气强烈，迫不及待似的。情态的渲染，言过其实的夸张表现，不失服务的真诚，即一切为了客户的需要，急客户之所急，帮客户之所需。像“屋顶”、“外婆”、“眼镜”都能送来，生动、形象的情趣，透出服务至上的宗旨。

对比

对比是比较，把两种或两种以上互不相干，甚至是完全相反的，彼此之间缺乏联系的事物放在一起对照比较，借彼比此，互比互衬，从对比所呈现的差别中，更鲜明地强调或揭示广告信息特点，给消费者以深刻感受。在幽默性广告标题中，对比所造成的不协调程度越强烈，受众对对比双方差异性的体验就越深刻，就越容易造成更加耐人寻味的幽默意境。

萨奇兄弟广告联营公司曾创作了一则轰动一时的广告：画面上是个挺着大肚子的男子，旁边一行标题语：“假如怀孕的是您，您是否会更小心一些呢？”

这则为英国健康教育委员会，反对早孕和未婚先孕制作的广告，诙谐风趣的设问对比，怪异可笑的画面，让人忍俊不禁，又受到启示。整幅广告没有社会责任的说教，没有对造成严重社会问题不负责任人的任何指责，但感情意识却被感染教育了。

美国泰伦拉链公司对产品拉链的推销方法，是通过广告幽默性表现，尤其是广告标题博得消费者“笑口”，透出拉链这不起眼的小东西的重要性。

其中标题之一是：“牛顿的定律是：上去的东西一定会掉下来。泰伦的定律是：上去的东西一定要停在上面。”公开向牛顿的引力定律和自由落体运动对立挑战，以此突出拉链的用途特点，极富创意并有趣。

另一则广告，标题：“在纽约的重要舞会上，有187位淑女出场，还有一个臀部。”画面是一张许多女士参加盛大舞会的照片。露出臀部的那位淑女，她穿的紧身窄裙由于未使用拉链而在大庭广众之中出丑。

在另一则广告画面上，一群舞女正在跳大腿舞，由于其中一位将没有吊带的舞装用手抓住而破坏了队形；主标题：“今晚他们似乎要查抄罗克西戏院”，副标题：“当有人告诉你说你的拉链已经松了，你还有什么办法？”文案说泰伦拉链就不会有这种意外发生。

泰伦拉链广告，其标题运用“定律”的对比，淑女形象与臀部的对比，同类产品拉链的对比，风趣幽默中衍生出自己产品优质效果的特点。既是广告诉求策略的成功，也是语言幽默的魅力。

博视灯广告标题语：“光线好刺眼，害我写个屁。不眩光的博视灯，才是学习的明灯”（第13届中国广告节获奖作品）。原本写个“鹿”，结果写成“屁”，愤怒的表情有点滑稽，都是刺眼的灯光惹的祸。“鹿”与“屁”，眩光灯与不眩光灯对比，博视灯才是学习用的明灯。

《国际广告》2004年第3期，选登三九广告传播公司为九华痔疮栓创作的广告新作，其中《运动》系列报纸广告的幽默性，就是运用对比的手法：

主题：坚持不打“加时赛”

副题：治痔疮，就要速战速决！

主题：从来不跑“马拉松”！

副题：治痔疮，岂能拖拖拉拉！

主题：一向不拼“相持球“

副题：治痔疮，总是抢先出来！

广告诉求主题是产品起效快，沟通对象则是体育爱好者。广告借一些常见的体育术语，形象对比的幽默形式，引发受众情感共鸣，进而反衬出产品的卖点。

兰丽绵羊霜广告标题：“只要青春不要痘——遮不住的烦恼”。标题语中“痘”，指日常说的“粉刺”或“青春痘”，是一种有碍体面美观的常见皮肤病，多生在青年人的面部。“只要”与“不要”，“青春”与“痘”的褒贬对比中，情趣盎然，为去掉烦恼的粉刺，展示靓丽的青春还是去买“绵羊霜”吧！

双关

幽默性双关，就是充分利用引用汉语同音，谐音以及一词多义的特点，用同一个词或一个句子同时关顾两种事物，表达双重意思而妙趣横生。标题双关语造成的幽默感，往往在于创作者打破人们既有的思维定势与文化习惯，把成语或习惯用句加以创造性改变，如更换移植字、词，介入企业名称、品牌名称，或广告宣传卖点，推陈出新，造出新颖别致有趣的词句。在联想中体会语言韵味，弦外之音启发受众思考，从趣味中悟出事理，达到一举两得的广告效果。如：

美国一家打字机公司广告主题语：“不打不相识”

金鸡牌鞋油广告主题语：“金鸡独立”

箭牌衬衫广告主题语：“依照箭头指的方向，您就会走在最前边”

星光灯具公司广告主题语：“今晚星光灿烂，明日万事如愿”

九华痔疮栓《火警》系列广告主题语：“‘痔’不宜迟，当然要速战速决！”“痔”与“事”成语，一字之变，谐音成趣，别具新意。

菲琳格尔木地板广告标题：

主题：“好色，不只是男人专利”

副题：“91种时尚色彩，满足与众不同的你”（半岛新生活杂志2004.2）。

好色，习惯中是指男人过度热爱女人，往往与色情关联，属贬义词；“色”也指色彩，女人有天生色彩感，识别与鉴赏是她们的本能，所以“好色”也指女人偏爱色彩，与副题相对应。一词两义，由“色情”转为“情色”，戏谑生趣，又不俗。

颠倒反常

南北朝时期，善慧禅师曾做过一首著名的偈子：

空手把锄头，步行骑水牛。
人从桥上过，桥流水不流。

这个偈子，后人难以参透。一个学生求禅宗老师露点消息，老师以颠倒对颠倒回答：“半夜起来贼咬金，捡个狗来打石头，从来不说颠倒话，阳沟踏在脚里头。”

打破相对的动静或时空概念，体认世界的方法和角度，在俗人看来就变得颠倒、荒诞、离奇，甚至不可思议。物我转换，颠三倒四，理非理，道非道，一切都在变，破旧立新，重新体悟，必是另种境界。

广告不需要这种参不透的颠倒玄机，它必须在一瞥之际能参入而悟透。

颠倒是一种将事物本末倒置的处理手法。在一定的条件下，改变人物之间的前后、本末、大小、尊卑等关系，使之产生不合情理的矛盾因素，从而创造出具有浓郁幽默情趣的喜剧性场面。

颠倒手法的巧妙运用，具有突出的荒诞性，其新奇的形象极易让人注目，其强烈的戏剧性也极具广告的影响力，并使观众获得审美满足。

例如，广告标题：“我希望，我是我老婆”

Quelle首饰广告，把赠予者换到受赠者的位置，你的喜欢变成了我的喜欢，是大家都喜欢的首饰。（[德]瓦尔特·玄纳特：《广告奏效的奥秘》）

“如果你的哈维·普洛佰椅子是歪斜不定的，你得补平你的地板”广告标题，椅子歪斜，得补地板？在常人的认识中，有点像俗语：拉不出屎来，怨茅房。习惯思维是：地板是平的，一般椅子腿有问题。颠倒常规事理，转换角度来调侃，新奇有趣。哈维·普洛佰椅子就这么牛气，卓越不凡的品质，不容置疑，错位中见精品。

这一切在文案中得到了诠释：为了保持国际水准，哈维·普洛佰公司，不论任何家具，都经过严格的检测，达到精品标准。‘普洛佰’的家具，是用独特的机械——十只手指精工细作制造的。这样的手工做法虽然花费很多时间，但做出的椅子不仅具有悦目的光泽，还坚固耐用。阁下可能认为与普通椅子毫无区别，可是，使用后马上会明白它的优点所在。

自信中透出一丝自傲，似乎绝无其他家具可与其相媲美。

飞白意趣

飞白，即故意把一个常用的词语，或把一句极为普通的话说错，将错就错地达到某种特殊语言效果的修辞方法。适当地运用飞白辞格，不仅可以使语言新鲜活泼，饶有风趣，而且还能拓宽意境。

如统一企业公司，名酱系列产品广告标题：“‘酱’出名门，传统好滋味”。将出名门，是一种历史上世袭制造成的传统意识观，故意改为“酱”出名门，认为达官贵人，多出自名门望族，音同义不同，既有文化底蕴，又显示出产品的高贵不凡的品位，出自名门，历来不凡；“传统好滋味”，承上启下，寓意丰厚，有不变的优秀传统与服务宗旨，也有产品品质的承诺与赞扬。

●强调传统香醇的风味，通过大小画面充分体现出来

标题“坐拥青岛维多利亚港湾，‘钱’景无限”（百盛国际商务中心广告，半岛都市报2004.8.12）。位居繁华黄金地，交通四通八达，南观栈桥湾碧海蓝天，北览小港湾旅游休闲渔人码头，举目远眺，确实前景无限；

然而商务中心不是观光地，“前”改为“钱”，更符合目标消费群心理需求，在这里，“钱”景无限也绝非望风捕影之事。

标题：“泰国水果‘靓’相中国”（青岛晚报2004.6.11）。“靓”应归“亮”，“亮”为显露、显示之意，改变语法用词，用一个时髦的字，有流行时尚感，也有显露中的溢美，鲜活有意境，挟着异国热带风情。

歇后入题，俏皮生趣

歇后，是指口语中流行的歇后语，也称俏皮话。具有鲜明的民族特色和浓郁的生活气息。

歇后语是由两个部分组成的，前一部分是用事或物来构成一个生动形象的比喻，又仿佛是个谜面，含而不露；后一部分借着形象的比喻直接表达它的本意，像个谜底。一语道破其中的秘密。两部分之间有一定的语言停顿，在广告标题中则用破折号或顿号加以区分表示。

歇后语是有生动、风趣、含蓄、幽默的特点，广告标题中能恰当运用，形象别致，生动风趣。

例如，南京市饲料公司的一则“配合饲料”广告：“养猪的都想猪仔肥得快，养鸡的都想下蛋多。这不是梦里吃仙桃——想的美，现在馒头吃到豆沙边——尝到了甜头啦！”让农民感到亲切，易懂，生动有趣。

又如，全国草帽公司广告标题：“每个人都应该至少戴上三顶草帽——当然，这肯定不是说让人们同时戴上三顶草帽。”

墨西哥边境小城入城路口，醒目的公路广告牌上标题语：“请司机注意您的方向盘——本城一无医院，二无药品！”

第三章　广告标题创作及“病态”

广告标题创作追求实用的有效性，有基本的创作原则，没有不变的铁律，广告效果的最大化是唯一市场标准。大师的所谓广告标题准则仅供参考。创作路径与艺术创作大同小异，说什么比怎么说更重要。广告标题编排设计，灵活多样，以服务主题为宗旨。

广告标题创作误区，虚假式广告标题是有意为之的犯罪行为，更多的是素质不高、水平低庸造成的。

一、广告标题创作

早在1931年，商务印书馆“万有文库”出版苏上达所著的《广告学概论》，第33页中对广告标题就这样强调：“广告全幅上最重要之文字，厥为标题。盖标题者，全幅广告之精粹也。标题而得其法，则全体广告大可生色，人人竞读之而不生厌。标题而不得其法，则以下任有若何优美之广告材料，必致埋没而无人过问。是故标题者，广告之灵魂也，广告之先锋也。使先锋而为精锐，则全线之士气之大振，声势浩大，易奏凯旋。使广告而失其魂魄，则其余之文字，不为散沙，必为疮痍，人人避之不暇，广告又何由而奏效哉。”因此，广告标题创作必须得其法，奉行实用哲学，追求有效性，固然有艺术成分，但目的还是信息的有效传递及商战功能。它是动感的，变化的，发展的，但也有内在的规律及商场“兵法”，创作就要追求和发掘广告标题的有效要素，使广告效果最大化。

1. 创作的基本原则

这世上本来没有不变的东西，产品、市场、消费者、生态环境变动不停，确无恒久的圣经可念，所谓原则，无非是前人实践经验得失的升华而行之有效，在信息时代商场上成为遵守的“游戏规则”。

当代著名作家叶文玲，在讲其小说《上天堂》的创作过程时，先从题名讲起：“我还认为，小说的题名，也应该刻意求美。题名是小说的眼睛，也是小说灵魂的窗口。我希望在读者面前展现一扇明亮的窗户，让人从中一窥我的心灵世界，看清我的所爱和所憎，我的欢欣和苦恼，我的思索和追求。

这美，并非是花艳草茂、丽水秀山的那种外貌，那种‘形式’。也不是要在这‘窗框’前，推出一幅华丽的绸缦，插上几茎婀娜的柳丝。要紧的是，它应该：存天然，去雕饰；它应该是作者创作题旨的浓缩，整篇小说的精魂。”（《当代作家谈创作》）广告离不开艺术表现，其标题创作同样要追求这种美。

结合主题，重点突出。

广告说什么比如何说更重要，诉求内容比诉求技术更重要。主题决定标题，标题依据主题。标题表现主题形式有异，有直接的“实题”、间接的“虚题”、或“虚实结合题”，都应使受众通过标题，而无须阅读正文就能了解广告内容的主旨。有的广告标题不直接表现主题，但是一定要与广告正文的主题有内在的关系。广告标题还应表现正文中心思想中的重点优势因素，并清除掉次要的因素，做到题文相符。一文一题，一题一事，不搞多元化。

如在标题中提供一个利益点。全世界阅读人口最多的杂志——《读者文摘》，有三项拟定标题的指导原则：提供利益点给读者；使利益点显而易见；让标题一目了然。

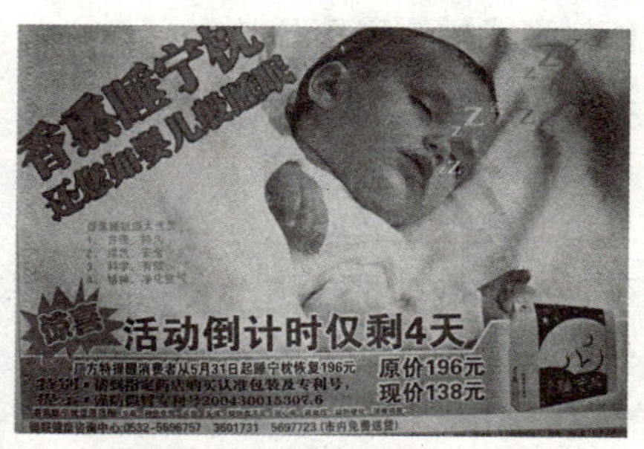

如香熏睡宁枕广告标题：

“香熏睡宁枕，还您如婴儿般睡眠”（青岛早报 2004.5.27）

婴儿般睡眠，那是多么宁静安恬，香甜，这对于常常失眠，辗转反侧，使劲闭眼，难入睡的人来说，简直是种奢望，这种睡眠效果对目标受众而言，能激起购买欲望。

巴黎欧莱雅清润保湿化妆品广告标题：

主题：“超凡感受……”

副题：“清新保湿一整天”（齐鲁晚报 2004.4.30）

突出产品清新保湿效果一整天。让你的肌肤始终处于清润保养中，水泽光亮。画面中那张阳光灿烂的笑脸，正是女性所企望的。

中国网通广告标题：

主题："夜里12点也能交电话费？"

副题："当然能！使用网通'电话充值缴费卡。'"（半岛都市报2004.5.26）

中国网通，不仅能上网，还能给用户带来日常生活的便利。不必每月烈日当头或风雪严寒跑银行缴费，有了网通"电话充值缴费卡"，哪怕夜深别人酣睡之时，你照样可以缴费。何时缴纳，一切悉听尊便。

大众媒体广告宣传中，具有新闻价值的产品特性，永远会是广告中最重要的元素，也是标题表现的重中之重。如新车上市，新楼座开盘，新食品、药品信息，家电新品开发，及科技发展对生活的影响等方面的资讯，都会构成广告标题的新闻点。即使旧产品新用法，也能给消费者新利益，也比任何形式的表现更具效力。

如海尔微波炉新品广告标题：

引题："全球第4种微波炉 开创微波炉蒸汽时代"

主题："海尔蒸汽转波炉"（半岛都市报2004.8.13）。

中国微波炉技术再次实现突破，海尔成功推出蒸汽食物的微波炉——蒸汽转波炉，这是继微波炉、烧烤炉、转波炉之后，全球第4种微波炉，结束了不能蒸食物的历史。这对消费者是一大新闻。

海尔中央空调广告标题："海尔双变多联中央空调 变频变容量节能40%"（半岛都市报2004.8.13）。节约能源，为电荒减负，利国利民。

海尔洗衣机广告标题：主题："洗衣换代用滚筒 首选海尔自选挡"副题："洗一次衣服能省四桶水"（半岛都市报2004.8.6）提供问题的解决之道，就是生活中的新闻，更何况"洗一次衣服能省四桶水"，节水省钱。

具体独特

广告标题应是具体而不含糊，独特而不一般，要替商品塑造独特个性，过于抽象或空洞的标题往往令人费解或易被人忽略，不能激发受众对正文的兴趣。

同是汽车上市广告，其标题分别为：

“全顺‘新空间’版上市”（半岛都市报 2004.5.24）；“索纳塔新版 2.0 自动舒适型 18.28 万元超值登场”（半岛都市报 2004.6.7）。

新品上市，后者的广告标题可感性更强，有品名，新品特色，还有价格，再看广告中的汽车照片，对索纳塔新车有了基本认识，而前者广告标题，则缺乏这种具体可感的因素，比较空洞，难于留下印象。

具体不是粗细不分的唠叨，要有市场要素的独特卖点。那些专业化、技术化的产品特性描述，必须转化为可感性、个人化的具体利益，即产品特性对消费者最大的好处是什么。如《中国广告》2000 年第 8 期，曾刊登一产品特性具体化的案例。“安全气囊”作为现代汽车的安全辅助工具，其基本特点就是“救助”。然而问题是如何把这个特点具体表现出来，让消费者实实在在地感受新产品。台湾人何清辉的创意是：一幅“救生圈”与“安全气囊”相并列的画面；标题是“在海上它叫‘救生圈’，在路上它叫 AIR BAG”。十分准确地把握住了消费者“要命”的共同关心点。

在诉求中，提供一个其他竞争者都不具备的利益点，这样的独特性是被人虔心期待而且尽力寻找的。所以在某些广告中，常运用些细微的事实变化，或商品中别人忽略的细节，用不同的表现方式，创造出独特性。霍普金斯的广告名著《广告的科学》中指出，广告要替商品塑造独特个性。广告标题的独特性，是广告与众不同的个性表现，它不是沙滩中的一粒沙子，而是一颗耀眼的珍珠，有极强的受众吸引性与注目率。

20世纪后期，《亚洲经济时报》曾将中国冰箱市场称为“容声”、“海尔”、“新飞”、“美菱”的四国演义。然而进入1998年后，冰箱市场的格局却发生了变化，除一批老的名牌冰箱称霸国内市场外，一批新的面孔如雨后春笋般涌出来，如春兰、荣事达、西门子，及瑞典的伊莱克斯，意大利的阿里斯顿，我国台湾的新宝等，形成新的竞争局面。同类产品除了品牌差异外，各家都在寻求独特卖点，以便脱颖而出。如伊莱克斯推出噪音值低于35分贝的“新静界”，美菱占据“保鲜”，新飞占领“绿色无氟”，海尔宣传“变频”，荣事达诉求“全能”，西门子强调“生物冰箱”……寻求产品差异性诉求，占据自己的USP目的，不仅是为了彰显产品优势特色，吸引消费者购买，还通过诉求功能为消费者提供一个品牌的显著记忆点，形成市场独特优势。

富有鲜明特色的，如洗发精广告标题：“现在可以从头上洗刷掉岁月的痕迹了”；副标题：“母女俩有同样的美发，相似的容貌”。具体形象的对比，使其产品功效产生独特的张力。主题：“伊卡璐草本精华”，副题：“无限芬芳 一闻钟情”（青岛广播电视报2004.27）。植物精华，特有的怡人香气，不仅让秀发漂亮动人，更让你充满吸引力，一闻钟情。

引题：“2003年5月23日中国登山队员在中国移动网的支持下，人类历史上首次于珠峰成功打通电话”，正题：“终于有个网可以网住——珠穆朗玛峰”。2003年5月中国登山队再次征服珠穆朗玛峰并首次全程实况电视转播。在征服自然的过程中，人类不断超越极限。从第一部移动电话在中国开通到珠峰上成功接通移动电话，中国移动通信在市场的竞争中，以永不停息的奋进开拓精神，

沟通无限，始终站在移动通信行业的最前沿，不断创造奇迹，跨越巅峰。

富有创意，引人注目。

创作者要在心智上养成寻求和了解各事物之间关系的习惯，有创意的生活积累。广告标题要抢人眼球，并吸引受众阅读正文的目的，就不要拒绝与众不同、新异、意料之外的事于千里之外；广告标题要新颖，不管内容还是形式要有创造性；广告标题要有震撼力，不能平淡无味，波澜不惊；广告标题要有直打靶心的利益诉求点；广告标题的内容卖点要进入消费者熟悉的生活中，引发他们强烈的情感共鸣；广告标题的编排设计要考虑艺术的实用性与视觉的有效性，能引起目标消费者的注意与兴趣。一切成功有效之作，都是出众不凡的创意品。

如家居和征人本来是风马牛不相及的两件事情，但在宜家家居的促销广告中，却被巧妙地联系在一起。标题：“急征”（国际广告 2002.7），正文以一个女士的口吻，觅身强力壮并愿意付账的男士“牵手相伴到宜家”。原因是“宜家今天大减价”。广告是纯文案，黄底红字色彩鲜明，广告标题语新奇、幽默，有活力，尤其用消费者的口吻来说话，拉近与目标消费者之间的距离。

汽车广告，省油表现为“一碗就过岗”；越野性强诉求为“山羊”；坚实安全诠释为“假如你的儿子像野兽一样驾驶，就把他放进这个笼子里”。这些创意性的广告标题能成为受众的注目点，在于它把生活中的一些看似不相干的要素，巧妙有机地组合在一起，准确、生动、形象地传递出广告信息，新颖别致，亲和有趣，富有视觉感染力和意象美。

简洁易懂

广告标题以简洁明了通俗易懂为好，而冗长烦琐，令人生厌，更不能玩文字游戏，搞模棱两可的会意语言。广告标题字数从记忆特点看，一般在 8 ～ 10 个之间较为合适。以能说明问题表达题旨为标准。

有个趣闻说，有人问马克·吐温：“讲演词是长篇大论好呢，还是短小精悍好？”他没有正面回答，只是讲了这样一个故事：“有个礼拜天，我到礼拜堂去，适逢一位传教士在那里用令人哀怜的语言讲述非洲传教士的苦难生活。当他说了 5 分钟后，我马上决定对这件有意义的事情捐助 50 元，当他接着讲了 10 分钟后，我就决定把捐款减至 25 元；当他继续滔滔不绝讲了半个小时之后，我又在心里把捐款减到 5 元；最后，当他又讲了一个小时拿起盘子向听众哀求捐助，从我面前走过的时候，我却反而从钵子里偷走了两块钱。”

“蒂花之秀，青春好朋友”（化妆品电视广告）

“让不动产动起来”（典当行广告）

“女人靓，男人想”（柔依口服液广告）

主题：“开宝马，坐奔驰，时尚家电西门子”

副题：西门子超级0℃生物冰箱全球同步上市（青岛晚报2004.6.18）

这几则标题简明而不简单，有联想引发的感染力，精确爽口。在广告标题创作中不要以简短为目的而削足适履。言之有物的长广告标题较之不知所云的短广告标题更能说明问题。大卫·奥格威写过最好的广告标题是26个字：“在时速60英里时，新罗斯——罗伊斯汽车的噪音发自车上的电子钟”；中国移动通信广告：“终于有个网可以网住——珠穆朗玛峰”，引题与正题合起计40多个字，同样是优秀之作。

通俗易懂就是要针对不同的地域，不同的市场及目标消费者，用易通易懂的大众化字词语言表达题旨要素卖点。京剧是国粹，中年、青年、老年、有几人能听明白，看得懂？《高山流水》、《梅花三弄》、《春江花月夜》等十大古典名曲，又有多少人的耳朵能享受，多少人的心能共鸣？孔子的“因材施教”，中医的“对症下药”，战场上的“有的放矢”，“殊途同归”，针对目标有效传达。中国土地革命时期，毛泽东把深奥的革命理论，用广大农民通俗易懂的“打土豪分田地”的口号来宣传，动员起千百万劳动大众起来革命。伊拉克战争时，2003年4月11日，美军中央司令部用易被人们接受认可的娱乐工具“扑克牌”列出通缉伊高官，每个被通缉的人都是这副扑克牌的一张，萨达姆是“黑桃A”。语言作为人的交流工具，广告标题用语是最昂贵的，岂止是一字千金所承受的。一定要清清楚楚，明明白白地传达有效资讯，少用专业术语，少炒概念，少些理论色彩，不用生僻字，慎用方言，用平凡的语言表达不平凡的事。

陈忠实的著名作品《白鹿原》中有个情节，新任何县长，拜访白鹿村族长白嘉轩并请其当县政议员，因听不懂新潮名词，造成沟通障碍。现转录如下，引以为戒。

何县长说：“白先生，我想聘请你出任本县参议会的议员。”白嘉轩头一回听到这个新名词，一时弄不清含义，又不好意思问，因而也不便表示同意或拒绝，但他几乎很肯定猜断那是一个官衔，就说：“嘉轩愿学为好人。自种自耕而食，自纺自织而衣，不愿也不会做官。”何县长笑了说：“我正是闻听你是个好人，所以才请你作参议员。”随之点燃一支白色烟卷，解释说：“卑职决心在滋水县推进民主政治，彻底根除封建弊政。组建本县第一届参议会，就是让民众参与县政，监督政府，传达民众意见……”白嘉轩还是听不明白，什么民主，什么封建，什么政治，什么民众，什么意见，这些新名词堆砌起来，他愈加含糊。何县长似乎意识到这一点，语言就注意了通俗化，而且与习惯用语相对照相注释：“一句话，就是要民众（就是黎民百姓）管理国家大事（就是朝政），不是县长说了算，而要民众，就是百姓说了算。”白嘉轩听懂了，也就不当一回事……

富有情趣

经济以人为本，人性化有情趣的广告标题比枯燥无味的标题更容易被消费者理解与记忆，真善美是人的永恒向往，只有尊重与了解这些人性化的需求，广告才能达成与消费者的沟通与默契。如标题的人情味，幽默感，戏剧色彩等要素，都是打开消费者钱袋的钥匙。

无情不动人，情感诉求是广告创作中行之有效的利器。如青岛祥泰房地产的“永馨苑”广告，定位是，小户型，低价位。目标对象是，进城奋斗的“漂泊族”。情感诉求中心是家的温馨感。广告标题如下：

主题：“永馨苑”副题：“我的家 自己的家”（青岛早报 2004.4.19）；

引题：“小户型 低价位”主题：“给我一个小小的家”（青岛早报 2004.5.27）；

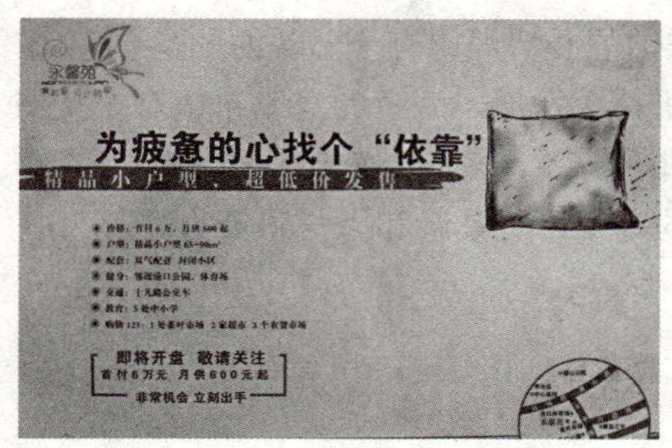

主题：“为疲惫的心找个‘依靠’”　副题：“精品小户型，超低价发售”（半岛都市报2004.6.10）；

主题：“把生活搬到这里然后‘享受’”副题：“精品小户型，超低价发售”（半岛都市报2004.6.17）；

引题：“房子虽小”主题：“舒适就好”（青岛早报2004.7.1）；

……

在“我的家 自己的家”为题的广告中，正文这样写道：

“想有一个家

在异地他乡　把身容纳

仰望高楼广厦　看遍城市繁华　终于找到了它

不是很大　却盛着生活的酸甜苦辣

毫不奢华　却能把欢笑细细品咂

——永馨苑

给我一个小小的家

我的家，自己的家！”

每则广告都配以与主题相适应画面，设计简朴，营造家的氛围，广告标题语言真诚朴实，感人，叩击“漂泊一族”的心灵。他们，或远行千里，或寒夜飞雪，漂泊的心情渴望有个温暖的归宿；他们，或只争朝夕为生存，或努力拼搏求发展，疲惫的身躯希望有个抚慰创痛的居所。“给我一个小小的家”，这是“蚁族”或“蜗居”者奔波奋斗的心声，作为消费者的呼唤，更具亲和力与感染力。

2. 大师广告标题的准则

广告大师奥格威在他的《一个广告人的自白》中归纳出广告标题创作10条原则：

（1）标题好比商品价码标签。用它来向你的潜在买主打招呼。若你卖的是彩色电视机，那么在标题里就要用上“彩色电视机”的字样。这就可以抓住希望买彩色电视机的人的目光。若是你想要做母亲的人读你的广告，那么你的标题里要用“母亲”这个字眼。

（2）每个标题都应带出产品给潜在买主自身利益的承诺。

（3）始终注意在标题中加进新的讯息，因为消费者总是在寻找新产品或者老产品的新用途，或者老产品的新改进。

在标题中你可以使用最有分量的两个词是“免费”和“新”。你使用“免费”这个词的机会不多，但“新”这个字则总是可以用上的。

（4）其他会产生良好效果的字眼是：如何、突然、当今、宣布、引进、就在此地，最新到货、重大发展、改进、惊人、轰动一时、了不起、划时代、令人叹为观止、奇迹、魔力、奉献、便捷、简易、需求、挑战、奉劝、实情、比较、廉价、从速、最后机会等等。

不要对这些字眼嗤之以鼻。它们也许是老生常谈。但是在广告上却很起作用。

标题里加进一些充满感情的字就可以，起到加强的作用。比如亲爱的、爱、怕、引以为傲、朋友和宝贝，等等。

（5）读广告标题的人是读广告正文的人的5倍。因此至少应该告诉这些浏览者，广告宣传的是什么品牌。标题中总是应该写进品牌名称的原因就在这里。

（6）在标题中写进你的销售承诺。这样的标题就要长一些。10个字或10个以上带有新信息的标题比短的更能推销商品。

（7）标题若能引起读者的好奇心，他们很可能就会去读你的广告正文。因此在标题结尾前你应该写点诱人继续往下读的东西进去。

（8）有些撰稿人常写一些故意卖弄的标题：双关语，引经据典或者别的晦涩的词句，这是罪过。

调查告诉我们，读者是以很高的速度穿越广告丛林的，他决不会停下来去解扑朔迷离的标题里的谜的。你的标题必须以电报式文体讲你要讲的东西，文字要简洁，直截了当。不要和读者捉迷藏。

（9）调查表明在标题中写否定词是很危险的。例如，若是你写：我们盐里不含砷。许多读者会忽略否定词“不”，而产生一种你是在说我们的盐里含砷的印象。

（10）避免使用有字无实的瞎标题。就是那种读者不读后面的正文就不明其意的标题。而大多数人在遇到这种标题时是不会去读后面的正文的。

20条制作报纸广告标题行之有效的法则：

美国亚特兰大市《拉非尔报告》月刊曾就如何设计一则优秀的报纸广告指出：3/4的读者会读报纸的广告标题，但是有1/4的人会接着往下看广告内容。这意味着你写好广告标题，就已经投进了75%的广告费。

那么，如何制作标题？有两点必须注意：（1）承诺一种好处；（2）引起好奇。

通常人们只会买两种东西：能解决问题的办法和能带来美好感情的东西。下次写广告标题时务必记住这两条准则，道理就在这。平均每人读一面报纸只花4秒钟。而且这4秒钟里，他首先是看新闻标题，然后才看广告。一个醒目的标题就能让读者往下看。

以下是20条制作报纸广告标题行之有效的法则：

（1）承诺好处或者激发好奇。例如：你的家庭食品的替代部分。

（2）除非顾客在别处不能买到你们提供的物品，否则不要把商店的名字放在标题当中。

（3）长标题通常要比短标题更吸引读者。

（4）不要聪明反被聪明误。

（5）需要一个好点子。

（6）一次销售一个卖点。

（7）让广告标题具有新闻价值。

（8）在标题中你用具体词语非常行之有效。

（9）尽量把有关本地的信息包括在内。

（10）如果没有冲击力强的图片，尽量把标题置于广告上方。

（11）尽可能把标题放置在插图下面，这种安排符合大众阅读习惯。

（12）不要用大写字母来书写标题，用大写字母不容易一眼看出要表达的意思。

（13）尽量使标题通俗易懂。

（14）表达要真实可信，不要说“货品30分钟送达”。

（15）以讲故事的形式表达。

（16）广告对象具体化。

（17）广告要能解决问题。

（18）促成实现梦想。

（19）展示诱人价值。

（20）别忘了你用标题。

台湾樊志育教授著《最新实用广告》一书中列出广告文案之总检点：

（1）是否充分了解商品及其哲学？

（2）是否明白竞争商品正在做的是什么广告？

(3) 是否彻底理解广告商品的分配状况及销售方法等行销活动?

(4) 在战术方面用热烈的调子或用柔和的手法?

(5) 是否充分了解广告主题?

(6) 有否考虑消费者的利益问题?

(7) 在广告目的方面要广告接受者做什么?

(8) 标题有否吸引接受者注意力量?

(9) 标题有否引入本文力量?

(10) 引人注目字句是否顷刻之间能了解?

(11) 引人注目字句与插图之间有否矛盾?

(12) 是否把注目字句牵强地联结在商品上?

(13) 字数是否过多?

(14) 字体大小如何?

(15) 在文案构成上,两眼掠过后容易明白吗?

(16) 句读点正确吗?

(17) 另起一行不难念吗?

(18) 第一行有涌起读者关心的力量吗?

(19) 有否加副标题的必要?

(20) 是否用直接,现在时态?

(21) 是否用读者的语汇?

(22) 是否简洁自然,亲切?

(23) 要点是否加以戏剧化?

(24) 从头到尾流畅吗?

(25) 有未删除冗赘的文字吗?

(26) 有否夸张?

(27) 结尾有趣吗?

李奥贝纳的 GPC 评估标准:

李奥贝纳广告公司是全球顶级的广告公司,如今已经在全球 80 多个国家设有将近 100 个办事处。李奥贝纳全球广告评审会

Global Product Committee（简称GPC）始于1994年，每个季度举行一次，每次GPC上来自李奥贝纳全球不同分公司的作品都被集中在一起，并由李奥贝纳分公司的高级创意执行总监、创意总监、常务董事、客户总监和影视制作人组成评审委员会，对这些作品进行评审。参与评审的作品按照创意优劣被精确而细致地分为10个等级，它们分别是：

10分：世界上无可比拟

9分：广告界的新标准

8分：所在产品行业的广告新标准

7分；优秀的广告创意表达

6分：全新的创意想法

5分：创意的策略

4分：陈词滥调

3分；缺乏竞争力的

2分；起破坏作用的

1分：差得令人震惊

李奥贝纳对广告作品坚持高标准，对5分以上创意作品标准深入阐述：

5分：这是对尚处在策划阶段独特广告创意的评测，进而激发出机智的、有说服力的、贴切可信的简报。获得5分的广告通常要好于业界70%的广告。

6分：如果没有创意部的配合，再有新意的策略也会流于平庸。在这里，好创意被赋予生命力，成为一个打动消费者的故事。获得6分的广告是一种富有想象力的传播手段，能有效直观地将产品信息传达给消费者。

7分：好的广告制作无须昂贵，需要技巧却是不争的事实。获得7分的作品几乎不需要什么修改，对细节的把握都很到位。实际上，很多获得6分的作品通常是7+的创意，但由于执行上的不足而导致分数下降。李奥贝纳的创意总监曾有一句名言：“创意被执行时是工作之始。”

8 分：获得 8 分的作品通常被认为是开辟了产品所在行业的广告新标准，那意味着：客户的所有要求都能得到满足，有效地表达了所有传递的产品信息，并建立起一定的品牌知名度。无独有偶，通常获得 8 分的作品都会在国际广告比赛上获奖。

9 分：获得 9 分的作品树立了广告界的新标准。这些广告最有效地利用客户的预算创造出远超出期望值的作品，可能会促使一个伟大品牌的诞生。

10 分：这是一个非常高的标准，目前还没有获得 10 分的广告。

3. 广告标题创作路径

詹姆士·韦伯·扬是美国当代影响力最深远的广告创意大师之一，在其著作《广告传奇与创意妙招》中，曾指出产生创意的过程与方法：

收集素材——当前问题相关资料以及将来会增长你一般知识的资料。

在你脑海中消化运动这些资料。

孵卵阶段，将一些东西丢入潜意识中进行合成工作。

创意出生的阶段——可高呼“我找到了！”的阶段。

最后整修及改进，使创意（点子）可以被有效地运用。

广告标题的创作与创意的过程大体相同。广告标题的虚与实，情与理，或两者有之，创作方法或表现形式不同，但创作者脚下的路径大体相同，江河东流，千变不离其宗。

调查研究

广告标题（或文案）创作的第一步，调查了解，最大限度地掌握文案所宣传的产品，以及相应的市场情况、消费者的情况，没有调查就没有发言权。日本广告大师电通社长吉田秀雄，曾说过这样一句形象的话，“广告是脚写出来的。”只有多走，多问，多看，多琢磨才能在关键时刻迸发灵感。

托尔斯泰在创作史诗般小说《战争与和平》，当他写到俄法双方在鲍罗京诺会战时，总感到这段文字描写得很抽象，不具体。最后他长叹一声，说：“关在屋子里是不行的，我要去战场上亲自考察一番！”托尔斯泰来到鲍罗京诺。他仔细巡视了这个历史战场的一切遗迹，把它的地形面貌牢记在心，还特地画了一幅画，画上一条地平线和许多树林，标明每个村庄、河道的名称，以及当年会战时太阳移动的方向等等。经过实地考察后回到家里，他又把自己观察到的一切鲜明具体的印象同历史文献上记载的材料联系起来分析研究，直到一切都清楚明白了，才坐到桌边重新写。他写得不仅具体、生动，而且色调明朗、壮观。创作如俄国作家冈察洛夫所说：“我只能写我体验过的东西，我思考和我感觉的东西，我爱过的东西，我清楚地看见过和知道的东西。”

详细地了解研究广告产品的功能，特点，组成及产地，历史，制作工艺，价格，营销措施等情况；深入市场，调查该产品在市场中的定位是否妥当，同类产品在市场中的占有率及销售情况，该商品与同类相比有哪些特色，卖点是什么、在哪里。只有详尽地占有商品资料，彻底地了解所宣传的商品，你的聪明才智，你的煽情力，你的想象力与创造力才能产生。“创作者在那个舞台上所做的就是阅读、拜访、交流、思考。他们在短时间内要成为一些科目的专家。曾为英国食品杂货超级商场塞思斯伯写过60种广告的戴维·阿博特对我说：‘有两个星期，我成了乳酪、香槟酒方面的专家。’……伦敦TBWA的查经理尼尔·帕特森，为研究写治疗厌食病的广告，除了去访问医院和特别研究机构外，又一头扎进了图书馆和医药书店中，甚至连午饭都不想吃了。”（埃里克·克拉著《欲望制造家》）

对市场的深切了解，还必须对目标消费群熟知，了解他们的消费需求，购买习惯，地域文化及消费心态。知道哪一类的人去买它，以什么样的动机使他们想去买它。了解你的潜在顾客。2003年6月份笔者为青岛某家香皂生产企业，策划一次促销活动，曾到青岛几家大商场了解购买情况，消费人群，及购买动机。商场货架摆设近10种香皂品牌产品，购买者的动因各有说法，有的是长期使用这个品牌的产品，有的是这个品牌一直在做广告，有的爱屋及乌，如以前使用六神花露水，觉得挺好，于是就买六神香皂，有的感觉它的味道好，有的感到价格适合，还有是尝试性的，随意试试……由此，想起美国著名广告学家万斯·派克尔说过的话：“任何广告的文字撰稿人，如果先同数十名或数百名消费者说一说，就能写出更好，更具诱惑力的广告文字。”

如乔治·路易斯为美国国际大饭店创造广告时，在研究连锁饭店的市场时发现统计数字显示：25%的顾客，在第一次投宿之后，愿意下次再来。后到世界各地考察，在拜访19家分店，其经理们自豪地告诉他说，他们的顾客会再来住宿，这两次发现引导出主要标题：“洲际大饭店，一遍又一遍。”这个直接简洁的广告标题传达出顾客惊人的忠诚度，及重温美好回忆的感情主题。

学习借鉴

调查研究所宣传商品的过程，也是一个学习的过程，不仅要有多方面商品相关信息及知识的把握，还要学习广告大师及优秀广告标题的成功创作经验，学习他们对信息取舍的角度，市场诉求点，及创意表现形式和编排技巧。另一方面要浏览借鉴报纸上的新闻标题，看他们是怎样表现主题的，其基本的社会卖点又在哪里，是种怎样的标题形式。

学习与借鉴，是站在成功者的肩膀起步，是拓宽视野、丰富想象、提高创造力的有效途径和方法。广告大师詹姆士·韦伯·扬在《广告传奇与创意妙招》中谈到创作时说：“我曾在非常紧急的情况下，写了一则成功的猎枪广告。在此之前，我不曾拥有任何一支枪也没有射击的经验，在缺乏市场调查资料的情况下，我花了一整个晚上，借由阅读过去一年中市场上著名的户外活动杂志中所有关于打猎及猎枪的报道，把市场的特色整理出来。”借鉴要去粗取精，不是去模仿或机械地生搬硬套，是老元素新组合或百尺竿头上别有新意，广告标题对所宣传的商品而言，都是独特的一个，紫罗兰与玫瑰花不可能散发出同样的香味。

思考提炼

在综合分析各方信息的前提下，大脑进入思考过滤、信息碰撞阶段，考虑说些什么以及怎么说。主要围绕商品市场的定位，市场诉求点，目标消费群，主题内容，表现形式等方面开展创意活动。想象力与创造力，苦思与灵感，概括与分析，激荡脑力，思想飞扬，一次创造性的表现。

创意者的创意有的在讨论中产生，有的在聊天中产生，有的躺在床上冥冥思念中产生，有的在浏览书刊中产生，法国的大文学家歌德说：“我最宝贵的思维及其最好的表达方式，都是在我散步时出现的。”《现代广告》2005 年第 12 期中刊登一则消息，美国 CMO 杂志对创造力进行了调查，调查的主要项目有：什么时间创造力最强？什么地方创造力最强？什么活动是创造力之源？什么东西最能激发创造力？揭晓的结果：清早，在家里、喝着咖啡与同事头脑风暴，似乎最能发挥创造力。那是一种随意的和谐，一种惯性的启示，一种熟悉的意外。

说什么

根据主题思想，广告标题中写什么信息最有效，有三方面的内容可选择。

广告作品所要传达的最重要的信息，这些信息包括：企业需要受众了解的重大事件，新产品的推出卖点，产品价格调整的利益点，销售举措的利好信息等。如引题：“名牌电脑信贷消费” 正题：“每天 7 元钱” 副题：“海信电脑送到家”。

与受众的切身利益关系最密切的信息。承诺或利益点应该在广告标题中鲜明地表现出来，这包括：价格优惠，礼品赠送，产品的新功能，服务新项目等。

最有趣味的信息。在广告内容中，选择那些能打动消费者心灵并引发情感共鸣的情趣或感情色彩的信息。情感力量往往使广告标题产生意想不到的效果。

竞争对手忽略的重要信息。同类产品竞争激烈广告宣传除张扬产品优势外，可抓住对手忽略了的信息大做文章，并在广告标题中将信息的卖点提炼传达，也是有效制胜之道。像“农夫山泉有点甜”的矿泉水广告。实际矿泉水都有点甜，只是别家在广告宣传中，从来没把这个常识性特点作为要点宣传，农夫山泉矿泉水广告就抓住这个被对手忽视的“甜”字，大做文章，成为该产品的亮点，一举成名。

怎么说

采用恰当的形式与语言来表达。选择恰当的广告标题形式，同一产品，同一个诉求点，同样的内容或主题，广告标题形式不同，其信息的影响力，市场效果也不一样。形式要服从内容及商品市场卖点的要求，诸如新闻标题，问题式标题，夸耀式标题，叙事式标题，承诺式标题，悬念式标题，劝导式标题，幽默式标题，哲理式标题等各有其不同的功能与特点，要与其表现的主题内容相适应。

找到恰当合适的表达词语，字词是构成广告标题的语言要素，广告标题既要引起读者的注意又要说服受众去阅读正文。因此，广告标题中的字词必须运用得恰到好处。一个优秀的广告创作者，要经过十几次，几十次甚至上百次的反复推敲，最后才能选定一个理想的合适广告标题，有时，只要将标题字加以改换就可能增加几倍的广告效果，可以说广告标题语言是世界上最昂贵的语言。

广告大师詹姆士·韦伯·扬给一位年轻文案的信：“你说这个人到街上去，但是他是‘如何’去的呢？是走的，跑的，徐缓前行，侧身而行，跛行，跳行，急行，慢行，脚步轻快，步履蹒跚，慢跑，横冲直撞，摇摇摆摆的晃等，要给一个形容词好让我看见这个人的情绪和反映出来的动作。你是第一个看见他的人，只有你能精确形容他。”（詹姆士·韦伯·扬著《广告传奇与创意妙招》）

按福楼拜的看法：“无论一个作家所要描写的东西是什么，只有一个词可供他使用，用一个词要使对象生动，一个形容词使对象的性质鲜明。”（转自莫泊桑小说《文艺理论译丛》1958.3）。

广告标题一定要“推敲”锤炼，做到简洁，准确，生动，形象。

第 49 届戛纳国际广告节青年人创意大赛区的主题是“水资源的利用”。平面广告的金奖作品非常简洁，从画面到标题直射靶心：画面，一杯插了吸管的尿；标题：“你的尿比 15 亿人喝的水还要干净”。看后瞬间直接产生情感冲击力，把水污染的严重性膨胀得让人震惊，有立竿见影的警示作用。

谁都想拥有洁白的牙齿，能让牙齿更白的牙膏并将这一功能特点表达得淋漓尽致的广告，一定很有吸引力。广告标题：“纠正你的牙齿颜色”；画面：Aquafresh 美白牙膏盖拧开，盖子变成了涂改液的头，这个创意特点语言表述的极为简洁而准确（国际广告 2002.12）。

还有像经典之作：“再见吧，傻斑”广告标题……这些情趣与理性，感情力与创造力的结合，造就出语言上的简洁之美。

广告标题的语言也像一个人讲故事，讲得生动形象，绘声绘色，形神兼备，则能引人入胜，听下去，若是讲得干巴呆板，波澜不惊，就会使人乏味生厌，听不下去。同一个内容，语言表达不同，效果迥然。

2002年秋冬季节，各种品牌的保暖内衣登台亮相竞技，广告促销竞争激烈，如下列两则广告标题。

《半岛都市报》2002年12月24日南极人保暖内衣广告：正题：“南极人毛缎内衣”副题：“——引领保暖内衣新时代”。

《半岛都市报》2002年12月24日刊出暖倍儿保暖内衣广告，引题：“暖倍儿”正题：“‘冬日芭蕾’舞岛城”。正文分标题：“冬之声，美丽的冬天不是童话；冬之舞，舞动的翅膀一旦展出，雪花是最好的伴舞；冬之恋；恋曲奏响2003”。

这两则不同标题的广告在青岛的同一媒体同一时间刊出，都是14cm×23cm版面，同是冬季热销的保暖内衣产品，只是品牌不同。就广告标题而言，青岛地区目标消费群体中青年或靓女帅仔，更钟情于“暖倍儿”。暖倍儿，不仅贴身温暖，内面是春，外面是冬，还塑身美体，性感线漂亮到底，可跳冬日芭蕾；一个“舞”字把它的热卖与流行又生动形象地表现出来。标题语使人感受到暖倍儿，激情燃烧的冬季。而“南极人”这则广告标题就显得平淡陈述，缺乏生动形象活力，同样的版面广告费，广告效果相差甚远。

比较鉴别

这是成形的广告标题放在一起进行比较鉴别优劣好坏高低强弱的选择或修订期，像皇帝选妃子，各地先选拔秀女，推荐到宫中待皇上选认，选上的为妃；也像现在世界小姐评选赛，对比中鉴别，优胜劣汰。如葛洪说“锐锋产乎纯石，明火炽乎暗木，贵珠出乎贱蚌，美玉出乎丑璞。”(《抱朴子·博喻》)

2003年8月3日晚，北京天坛祈年殿前，2008年奥运会会徽“中国印·舞动的北京”横空出世。据报道，2002年7月～10月，北京2008奥林匹克设计大赛中，组委会向全世界1500多名专业设计师抛出绣球征集奥运会会徽设计，共收到应征有效作品1985件，其中来自中国的作品1763件，国外的作品222件。

大赛经过初评，筛选出102件进入复评。2002年11月3日复评中确定10件获奖作品。在获奖作品中，得总分第一名的将是奥运会会徽的中标者。北京始创国际企划公司设计的1498号作品“中国印”荣登榜首。

据会徽的主创者之一张武说，在实际操作中，始创公司以会徽应是东方文化对奥林匹克文化的丰富和完善为创始理念，曾做出100多个作品，经大家评议出一个最佳的作品方案拿到组委会进行竞标。1498号作品中标后，专家提了几点修改意见。2002年12月～2003年3月，“中国印”的修改历时近4个月，这其中大的修改有八九次，小的修改几乎天天都有。

真可谓沙里淘金，千锤百炼精雕细琢的精品。“广州日报杯”2003年全国报纸优秀广告奖，地产类获金奖的是蔚蓝海岸三期两幅作品：《架空层篇》，标题：“4.8米架空层，最辛苦的是清洁工”；《电梯篇》，标题：“两梯两户，等得不耐烦的只有电梯”。它诉求清晰，独特不落于俗套，在700多幅作品比较中脱颖而出。

广告标题创作也应如此，你不妨写出10个、15个、30个、40个广告标题。在其中你比较鉴别选出两、三个你认为最好的广告标题。再在两三个中你选出最好的一个。

著名广告人黄霑创作“人头马”干邑白兰地广告标题，他和华美广告的李作猷，共写了100多句标题语，“人头马一开，好事自然来”是第一句，便被老板看中。两年后销量成为全港Vsop级法国名酿之冠，这10个字的广告语，一直用了8年，成为流行的广告语。

2004年全国报纸优秀广告奖广州日报杯评选，TCL精鼎B商用电脑游戏广告，在IT类中获得金奖。它的广告标题语：“工作就是游戏……retum!”“工作就是游戏……page up!”标题凸现了电脑卖点中的娱乐功能，特别是“工作就是游戏”的观念，似乎要把快节奏生活的现代人，从工作忙碌中解脱出来，营造一种宽容轻松愉悦的生存环境。工作就是快乐，唤起人们潜意识中向往的生活方式。一项调查表明，61%的城市人口认为他们的不快乐感主要来自工作，其中，教师、医生护士、编辑记者感觉尤其强烈。这句富有时代特色的口号性广告标题，是从众多中挑选出来的。曾考虑过的广告标题“工作娱乐一举两得”，“玩一样工作”，“工作一样玩”，“工作就跟玩一样”，“工作就是游戏”怎么样？这句话赢得了众多创作人的认可，倡导一种新的工作观，主动放松的工作，以提高工作效率，并把产品的卖点自然融于其中，使品牌进入更高的竞争层面。

标题的选定，也许是创作者一锤定音，即你交给广告主的广告文案一次通过，无须修改；也许广告主对广告文案提出修改意见，包过文案标题。这需要再创作深加功，直到通过为止。

4、广告标题编排设计

广告标题编排设计，在文字上有两方面构成，即标题文字编排设计与字体设计，广告标题文字即文案中首领部分。字体设计是根据广告文案内容，广告产品个性特征及创意点，选用或设计的与广告对位的表现字体。表现字体设计中讲究易读性，让人很快识读，并留下记忆，字体形态不宜过于复杂与花哨，影响瞬间的有效传达。

广告标题的编排设计，虽不像新闻标题那样循规蹈矩格式化，在形式上灵活多样，但受广告版面编排分割样式，以及阅读习惯的视觉影响，也有章可循。编排，是讲究广告的瞬间传达效果的设计展示，它注重人的视觉流程规律，有意识引导读者顺着设计的流程很快看完广告传达的信息。平面广告标题的编排，应注意的是可视性与逻辑性。可视性，即视觉的流通合理，线路通达顺畅，使人能愉悦地观看和阅读。逻辑性是分清主次，并按信息的顺序及内在联系进行传达。广告标题编排是否引人注目，直接影响广告视觉效果，或标题所应有的效能，是广告标题创作设计中不可忽略的环节。金子埋在土里不会发光，好的信息内容必须有好的形式去表现，才能产生动人魅力与力量。

编排原则

重点突出。广告标题编排最终目的是深化主题，突出信息重点，引人注目，给人深刻印象。复式标题中，主次分明，要点突出，把最重要的信息提在最显要的位置，并给人以第一视觉点。如在文案的编排中，标题与正文的编排，标题处于题首，醒目处突出标题对信息向导性与诱读功效；在标题与陪衬插图组合的广告中，标题要处于指导位置，画面以服从标题主题的需要而编排。

美化版面。标题是版面的“眼睛”，也是信息间区别标志。广告标题排列有序，疏密相间，分布合理，就会使版面更加眉清目秀。广告标题的编排有不同的形式和种类，有不同的字号和形体，灵活运用，能避免版面的单调刻板。广告标题在编排时，要体现出美化版面的作用，在静态中呈现动感，在变化中展示统一。

比例适度。比例是事物相互制约、相互映衬的一定关系。在复式广告标题的排列中，副题不能长于主题。在副题居于主题之下排列时，起首一定要低于主题，尾部可不拘一格。在副题字数较多需要分为多行排列时，起首也必须低两格，回行方可同主题取齐。广告标题的主题与副题的字号大小要适当，主题的字号要大于副题，一般大两号较恰当。标题所占版面与正文版面大小要适当；标题与空白要适当，与插图的比例要适当；大与小，虚与实，疏与密要有适度的视觉美。

均衡，是版面形式美的重要因素，就是要各要素在布局上，正确配置。版面的大与小，左与右取得重量上的均衡，使人感到广告表现协调、完美、诱人，轻重、大小、长短达到动态下的平衡。缺乏变化的平衡，呆板单调无生趣。心理作用，读报时，会感到黑体重于宋体字、楷体字，大号字重于小字号，大标题重于小标题，图片重于文字，要均衡地安排各要素。一般，上重于下，左重于右。

和谐，一是表现形式与内容一致，二是标题与各组成部分或整体的和谐。

变化，是和谐中的变化，注意可视性与逻辑性。广告标题的变化，一是标题大小的变化，最好大中小结合，二是字体，字号要有变化，但不宜太多，否则眼花缭乱，三是标题编排形态要有变化，以横排为主，辅以竖式。空白变化，版面除了排文字、图片之外，要留有适当的空白。空白作为背景，使文章或图片增加强势，适当的空白能使版面显得开朗而不闭塞，清秀而不臃肿。空白主要留在主题、文字、图片的四周，留有适当的空白，疏密相间，比较悦目。

视觉导向。编排设计要引导人们的视线和注意力，一方面要突出广告标题在同一版面中众多信息里选择性的导向，抢眼球。另一方面在文案里要强化标题信息主题的视觉点，引导受众的视线关注到广告标题上，同时要编得适合视觉流向，安排内容的主次。引用画面人物的视线作导向，是简单易行的方法，不要把需要突出引人注目的部分或广告标题放在画面人物视线相反的方向。

排列有序。活而不乱、多而不散就要编排有序，使文章各要素标题中心有层次、对称、均匀地进行。

广告标题排列形式

广告标题由于行数，每行排列的位置及横竖方向的不同，可以排成不同的形式。报刊广告标题常见的基本形式有以下几种。

横题分为：单引式，即一行横题；均列式，即多行的两端对称的标题 斜列式即多行的阶梯式标题 左（右）齐式，即左端（或右端）排齐的多行标题；低格式，即副题比主题低若干字的多行标题。

竖题有：单行式，即一行竖标题；斜列式，即多行的阶梯式竖标题；低格式，即副题低于主题一格；半斜列式，即只注意头部的斜列，底部长短不拘。

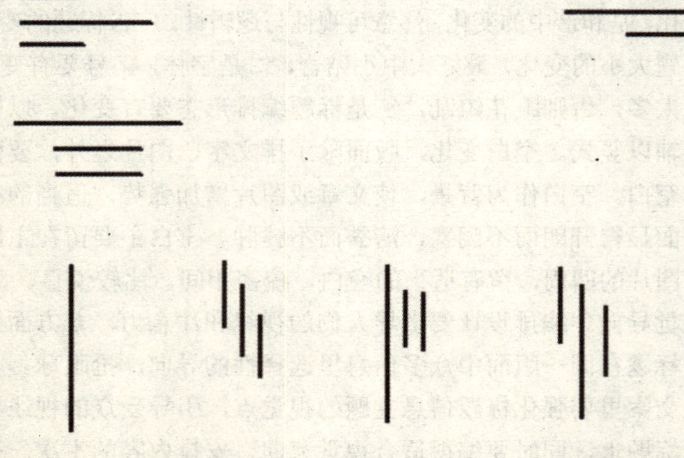

盖文式。广告标题居上，完全盖住正文，属于横题排列的基本形式之一。

通竖题。即广告标题上下不串文，与正文同高，分右通竖题和左通竖题两种，属于竖题的基本排列形式之一。

居中式。即各行题均居中排列，两端留有对称的空白，且主题要长于辅题。横题与竖题均可使用，是广告标题最基本的一种排列方式。

方阵式。属于按照相同的字数，将字数较多的单行题折为多行，排成方阵，有长方形和正方形两种。

题图式。广告标题与插图组合成的，是最常见的一种排列方式，横题与竖题都有。

还有眉心式、串文式、夹心式、平列式等等多种排列方式。

在现时的报刊广告中，广告标题的排列形状不拘泥上述形式。如在复题中引题与主题，主题与副题，往往间隔不像新闻标题那样严谨，左齐或右齐题，也同样因版面分割或表现的视觉因素而打破规范编排，组合形状更灵活，而对角线编排的标题更是新闻中没有的，显出广告标题排列式样的多样化。

广告标题的位置

广告标题的编排位置，平面广告，不管是户外的路牌，还是报刊，从几何的角度看，基本上是四边形、方形或长方形。在这个整体形状的框架中，广告标题的编排位置取决于广告版面的编排设计分割形式，画面与文案的内容组合，主题表现及阅读习惯等方面。最常见的广告标题位置主要有以下几种：

横排：标题在上面，标题在中间，标题在下面；竖排：标题在左边，标题在中间，标题在右边。标题横排左上角，竖排右上角也是常见。也有按对角线位置编排的，或横题在右上角或左下角。

广告标题的位置可以灵活安排，但必须服从广告创意、主题表现的需要，标题在广告中的位置，能显示题文统领与从属关系，适应读者看题读文习惯，科学合理编排，达到最佳广告效果。

二、广告标题中的“病态”

“我知道我的企业一半广告费是无效的，但我不知道是哪一半。”这句名言道出了广告主的无奈。应该说，制约广告效果有诸多因素，如产品或服务的质量、价格、终端销售，消费者的生活习惯，以及文化意识，媒体影响力、传播时机、广告创意及制作等，都不同程度地影响广告活动效果。如果抛开广告主、消费者的问题，媒体传播管道也准确，那广告文案创作就至关重要，而广告标题创作则事关成败得失。有一天，大卫·奥格威召集手下所有撰稿员开了一个“重要会议”，他作了如下训话：

“女士们，先生们：

许多调查表明，一篇广告文案是否被阅读，75%取决于标题。也就是说，我们的客户把75%的钱用来购买你们撰写的标题。请你们充分认识自己肩负的责任。多谢。”

纸质媒体广告占版面量1/3强，全国仅报纸就有3000多种，每种报纸每天少则24版，多则近百版，那广告量真是大得惊人。可悲的是，当你浏览报纸时，又有几个广告在你匆匆一瞥中能美目传情放出火花，让你眼睛发亮或动心地留下印象？少得可怜。广告成为昂贵的信息垃圾。根据有关统计，2001年全国报纸媒介广告创收157.7亿元，2004年报纸广告营业额230.7亿元，杂志广告经营额20.3亿元，2007年报刊广告营业额808.71亿元，2009年广告经营额2041亿多元，而报刊及户外广告约占总量的一半。作为广告主投入，约有75%的广告费没有产生理想的广告效果，白白浪费了银子，许多是病态广告标题做的孽，也是创作人员的失职。

不幸的是，这种现象习以为常、司空见惯，你随意打开一张报纸看看吧！还在进行着，进行着……

1. 虚假症

虚假，是广告业久治不愈之症，整治检查力度大，症状就收敛一点，一不注意就复发蔓延，严重危害广告业的健康发展，扰乱市场经营秩序。《广告法》第三条规定：“广告应当真实、合法，符合社会主义精神文明建设的要求。”第四条规定：“广告不得含有虚假的内容，不得欺骗和误导消费者。”《广告管理条例》第三条规定：“广告内容必须真实、健康、清晰、明白，不得以任何形式欺骗用户和消费者。”政府也三令五申，不断打击整治广告虚假行为，但屡禁不止，虚假依然大行其道。那些为谋取暴利，置国家法律与群众死活于不顾的企业及产品，往往是其病毒滋生的温床或载体，很多药品、医疗机构、保健品、食品、化妆品等类广告是虚假传播的衍生物。

据2005年5月有关媒体报道：广西壮族自治区卫生厅监督所最近公布，2004年广西监督机构共检测各大中媒体发布的医疗广告1.29万多（次），涉及各类医疗机构102家，违法虚假医疗广告竟占总监测数的98%以上。有关人士指出，违法虚假医疗广告不仅在广西，还在许多地方已呈泛滥之势，不仅小报，党报党刊上也不鲜见，已成为净化医疗市场的难题。2005年2月份国家食品监督管理局监测检查发现，都市报、晚报和广播电视报药品广告违法发布率高达95%。2006年3月“两会”上，全国政协委员、辽宁省糖尿病治疗中心院院长冯世良介绍，根据国家工商总局广告司提供的信息，由于虚假医疗广告、误导等方面的原因，我国每年大约有250万人吃错药。

大众媒体为这些虚假广告提供了快车道与展示平台。当媒体失去社会责任与道义，置法规与受众利益于不顾，唯利是图有奶就是娘时，就会与广告主沆瀣一气，冠冕堂皇地愚弄欺骗受众，图财害命，祸国殃民危害社会。2009年新华社北京2月18日电，国家工商行政管理局日前对监测抽查发现的十个严重违法广告及相关媒体进行曝光法办，同时提醒消费者谨防上当受骗。

一是广告内容本身是虚假的。食品当健康品，保健品当药品，药品当万能的灵丹，假冒伪劣，招摇欺骗误导，小作坊变大公司，国内投资变成中外合资，低工艺变为高科技，三无产品成为名牌优质品，如此宣传推出，广告标题也就有虚假印记，苍蝇化为蝴蝶，野鸡变成凤凰。

诸如“尿毒症患者的曙光”、“艾滋病并非不治之症”、“一滴油揭开抗肿瘤的奥秘”……在“专治疑难杂症”的标题语广告中，一个个医学上现在尚无法解决的世界性难题被攻克，一个个“医学奇迹”被“祖传秘方”所创造。下面是某广播电视报2006年第13期刊登的一例广告，标题：“根治：哮喘 肩周炎 关节肿痛及炎症 前列腺炎及肥大，并永不复发”。正文中介绍主治内容：“高血压病、糖尿病及并发症、末梢神经炎、冠心病、心悸、胸闷、脑血栓、脑溢血后遗症、偏瘫、全瘫、头晕、头痛、贫血、肾病综合征、胆囊炎、结肠炎、颈椎病、腰椎间盘突出症、坐骨神经痛、各类肿痛、各类疼痛性疾患、腰肌劳损、腿脚浮肿、疲劳症、各类足部疾患、股骨头坏死、足跟骨刺、脚癣、更年期综合征、痛经、月经不调、内分泌失调、代谢障碍、免疫功能低下、过敏性鼻炎、过敏性皮炎、湿疹、荨麻疹、牛皮癣、灰指甲。标本兼治各类慢性病、并发症、疑难症、预防感冒。”并承诺“病情越重，疗效越好，真功实效，康复率高”。

果真有如此神奇的医疗产品，那真是患者之幸，百姓之福，令人惊诧的是白纸黑字说瞎话，虚假行骗却振振有词。且不说广告用语违规，及用患者的名义做广告违法，医疗器械准字号批文是否属实，仅看广告标题内容或主治病症就是谎言陷阱。××药磁鞋，一个时装鞋帽公司生产的产品除了利用广告忽悠患者骗钱外，鞋依然是脚上的鞋，决不会变成包治百病的神医。

例如，2006年3月15日消费者权益日央视晚会，对欧典地板虚假宣传曝光，7年骗局揭穿后，引起市场轩然大波。

“2008元一平方米，全球同步上市。”从2004年7月开始，写有这样内容的绿色巨幅地板广告标语，出现在全国许多大中城市。“欧典6年使用3·15标志，6年诚信服务”的广告标语牌赫然醒目。翻开欧典印刷精美的宣传册，清楚地看到这样的文字：“德国欧典创建于1903年。如今，在欧洲拥有一个研发中心，5个生产基地，产品行销全球80多个国家。”欧典地板专卖店销售人员称，欧典敢于卖出2008元一平方米的价格，除了德国创造、选材苛刻外，最主要原因是德国品牌。

为弄清真相，央视驻德国记者专程前往该市进行调查，当地工商管理部门告知，在他们的登记资料中并没有一家叫欧典的企业。调查发现，欧典宣称的所谓德国总部，其实是当地一家木产品企业汉姆贝格公司，但声明，与欧典也没有任何产权隶属关系。不仅德国欧典不存在，记者在工商部门查询发现，被欧典公司在网络和宣传材料上频频使用的“欧典（中国）有限公司”根本没有注册过。欧典这个商标2000年才正式注册，注册人是1998年成立的北京欧德装饰材料有限公司。欧典只不过是在吉林森工北京分公司做的贴牌加工品。

欧典公司就是属于以虚假的商品说明、商品标准销售商品，利用大众传媒对商品做虚假宣传，销售伪造产品。企业背弃诚信原则，靠“虚假广告”大肆占领市场份额，不仅侵害了消费者权益，也扰乱了市场秩序。

另类是夸大其词或承诺虚假。片面地夸大产品某一特性，吹牛侃山完美无比，似乎是谎言千遍成真理，用词造句登峰造极，宁可胡说绝不能不说。天上牛在飞，地上广告吹，看似“一流”无比，“第一”绝后，实则气泡一个，一戳就破。那些医药、保健品、化妆品、食品、地产等类广告几乎都程度不同地存在这种现象。

如“医药之冠，治病救人”（胃肠药广告标题）

“十年皮肤顽症，十天即可解脱”（桃红清血丸广告标题）

主标题：“治胃病到专业胃病医院”

副题：“三天见效 三个疗程康复”（青岛 xx 医院广告标题）

……这类广告标题不胜枚举，视法规为儿戏，超出广告审批内容，添枝加叶，扩大化宣传已习以为常。

2004 年，据新华社石家庄 8 月 27 日电，深圳长寿药业近一段时间在河北省各大媒体上广泛发布“气血固本口服液”广告，其广告称该药是“当今世界最佳抗衰老药”，服用后至少可以延长寿命20年，其成就堪与当年青霉素的发现相媲美。更为夸张的是，这种“神药”竟然声称主治各类心脑血管疾病、肿瘤及各种癌变、糖尿病及肾功能疾病、呼吸及消化系统等四大类 44 种病。

河北省药检局检查后发现，国家食品药品检督管理局所批准的该药品的功能主治范围，只是益气补血、健脾固肾、宁心安神。该药被依法按假药论处。

正题：“欧美雅家用美体 做一次瘦 3 厘米”

副题：“30 小时保你拥有迷人身材”

主题：“美国全脂燃 直线减肥曲线瘦”

副题：“生物减肥全新科技让你 1 天减掉一斤肉”（全脂燃美态片广告）

引题：“8 小时起效　48 小时 0.5 ～ 1 公斤肥肉减掉”

主题：“岛城冬膘歼灭战 贴脐瘦身第一枪”（减肥贴广告）

实际每个人的肥胖因由不一样，肥胖程度不同，减肥茶、减肥食品、减肥药、医疗器械、抽脂、针灸点穴等减肥大法，并非对每个人都适合，一个人瘦了不代表这种方法对所有人都有效。减肥因人而异，男女也有别。这些精确的数字从何而来？它的科学依据又在哪里？! 据北京调查，83 条减肥广告，82 条存在不同程度违规内容。京沪穗三地七成公众认为减肥广告名不副实。

如兰心牌净白修护精华素广告标题语：“纳米科技研制，7 天使用亮白1年”；“高浓度渗透配方，15分钟美白重现”。

《化妆品广告管理办法》中规定：“化妆品广告内容必须真实、健康、科学、准确，不得以任何形式欺骗和误导消费者。”广告禁止出现“有涉及化妆品性能或者功能销量等方面的数据的”。

医学专家认为要改善一个人的肤质，不是靠用几种昂贵化妆品，几天或几十天内就可以做到的。这是一个漫长的过程（由里及外调养护理），需要长年累月坚持不懈地精心护理。到目前为止，医学里还没有定量性地测试人类皮肤细腻程度的仪器和方法，化妆品不可能迅速做到除皱多少，年轻多少。数字化承诺不仅缺乏科学性，实质是违规虚假宣传，对爱美女士误导。

2005年8月29日《青岛晚报》第23版刊登，主题：“化妆品会让人加速衰老”，副题：“防腐剂是罪魁祸首”。文章指出，日本京都府立医科大学生命安全医学教研室吉川敏一教授，最近对化妆品的使用提出了质疑。研究结果显示，使用化妆品后外出，会增加皮肤皱纹和斑痕，其罪魁祸首是化妆品中普遍使用的一种食品防腐剂对羟苯甲酸甲脂。这也许是一家之言，但脸毕竟不是调色板，使用化妆品要谨慎。

二是形式上混淆视听，以新闻的形式刊布广告。借助新闻通讯报道的优势宣传，有极强的诱惑性，作为文案，有较好的广告效果。对有些经济类专题报道，特别是品牌及企业形象的宣传加上表现技巧修饰，确实难以说清它是软广告还是专题宣传。但作为医疗、保健品、化妆品广告，采用这种以假乱真的表现形式，实质是挂着狗头卖羊肉，误导受众，是一种虚假欺骗行为。

工商广字[2001]第32号文《关于进一步加强医疗广告管理的通知》第三条指出：“禁止新闻报道形式发布医疗广告。有关医疗机构的人物专访、专题报道等文章中不得出现有关医疗机构详细地址、电话、联系办法等广告宣传内容。”工商广字[2001]第37号文《关于进一步加强大众传播媒介广告宣传管理的通知》第七条规定：“不得以普及科学知识、专家咨询宣传等名义，介绍、推销药品、保健食品以及推荐医生、医疗机构。”

2005 年新华社北京 4 月 26 日电，国家工商行政管理总局近日对全国部分报纸和电视广告进行了检查，12 家媒体因发布虚假广告被曝光。其中《兰州晚报》在 2 月 23 日 A11 版以“帕金森患者的守护神”为题，发布北京中医疑难病研究中心体坛医院帕金森专科医疗服务广告，宣传治愈帕金森病；《城市晚报》在 2 月 23 日 A19 版以“三联新疗法揭开牛皮癣反复发作之谜”为题，发布中国疑难病防治研究中心牛皮癣临床基地北京华山医院医疗服务广告；《都市时报》在 2 月 23 日 A14 版以“治愈肝病病毒阳转阴”为题，发布昆明医学院附属康复医院肝病研究中心医疗服务广告……以上均属典型的以新闻报道形式发布广告，并以患者、专家的名义做证明，严重误导消费者。小病治成大病，轻病变成重病，重病者丧命。

虚假广告是产品或企业失信的催化剂，“贼眉鼠眼”是饮鸩止渴的愚蠢行为。背弃了广告真实性与科学性的原则，是违法犯罪行径。《法制日报》2006 年 4 月 6 日“今日快报”栏目指出，浙江省工商部门以涉嫌虚假广告罪，向公安部门移送了一起医疗广告案件，一旦司法机关认定其刑事责任成立，发布这一广告的杭州华夏医院，将成为中国因虚假医疗广告获罪的第一例。杭州华夏医院虚假医疗广告案，2007 年 11 月 9 日，在杭州市江干区人民法院一审宣判，以虚假广告罪，判处该医院负责人黄某与责任人杨某有期徒刑。

2. 空泛症

正确的空话，华丽的套话，内容空洞无物。花拳绣腿有名无实，满山雾罩茫然朦胧，辨不出东西南北，看不出目标受众及市场卖点。什么“惊人”、“奇迹”、“魔力”、“划时代”、“跨世纪”、“克星”、“伟大”、“尊贵”、“豪门”等闪亮字眼，因缺乏实质内容依附而变成梦吃，似脑中风者满嘴糨糊，语意不清。空话，套话，废话，泛泛而谈，笼而统之，连卖什么“果木”的自己也搞不清。

如“像美妙乐曲般朗朗上口”（酒广告）。“耳”与“口”，“听”与“喝”，“音乐”与“酒”，无关联，不可比，混搅乱谈，莫名其妙。

玩弄文字，贩卖形容词。房地产类的广告标题，病态尤为较多。如“豪门风采，名流焦点”；“尊贵品质，完美展现”；“难得豪华商住楼，投资置业理想地”；“以人为本，建筑理想人居”；“宽绰格局，自成一派豪门”；“让完美得到超越”；主题：“五度芬芳空间，情韵美好流淌”，副题：“多层次景观规划，超人性绿化设计，无限风光的极致享受”。……主题苍白，虚无缥缈意境何在？没有具体内容、实实在在的有效信息，一切华丽辞藻都失去了价值。据查，青岛某报2004年8月10日“黄金楼市”专刊，20多则房地产广告，10则是虚题广告。而这些虚题，因缺乏事实内容和语言个性成为陈词滥调的堆砌。

泛泛而谈，涉列多而无重点。如“专业机构 科学诊断 规范治疗”（医院广告）；正题：“生活品位 品味生活”，副题：“成熟社区坐享地利之便，演绎建筑美学之内涵，倡导科技为人服务之理念”（地产广告）；标题“把握现在 把握未来”（汽车公司广告）……这些广告标题其中任何一项内容聚焦提升都可能成为市场卖点，主题与副题因缺失具体事实而显得虚无空洞，统而笼之泛泛一说，成了套话废话。“专

业机构 科学诊断 规范治疗”，那个医疗机构不具备这些条件，否则，他有行医的资格吗？这和费尽心思向现代人说水能解渴没什么区别。同是地产概括性广告标题，主题：“青岛最大楼间距130米”，副题：“90m² 市中心全南向阳光住宅”（万达地产夹页广告，半岛都市报2009.2.20），内容翔实而丰富，其市场卖点的号召力比上述虚题要强得多。这则小冰箱广告就是不尚空谈的佳作。

兜售概念，语义模糊。貌似创新引领潮流，实质故作高端状，卖弄概念，掩饰苍白卖点。受众或消费者不是专家学者，他们浏览媒体一瞥之间，无心考究。如“伊犁奶粉 国际品质 精确营养”。其中“国际品质”究竟是什么样的标准，它的内涵是什么？与国家食品安全营养标准有何不同……诸如此类问题，我想创造者自己也含糊其辞难以说清。

“右脑建筑 德国品质”是2005年8月25日刊登在青岛某报上的一则地产广告标题，“右脑”一词，笔者查阅《现代汉语词典》及《辞海》没有找到该词的诠释，“右脑建筑”是种怎样的建筑，它与常规建筑有什么优异之处？它的市场利益点在哪里？恐怕只有建筑专家晓得。

“海信空调 矢量变频空调”，“海信空调 直流变频空调”两则广告标题语在青岛路杆挂旗中随处可见，“矢量变频”与“直流变频”的概念，笔者咨询几个空调专业的高级维修人员，他们大都含糊不甚清楚。词典是这样解释“矢量”的，有大小也有方向的物理量，如速度、动量、力等。也叫向量。可以说“矢量变频”或“直流变频”是空调生产或发展中技术创新，可是这种技术进步或新产品，对消费者带来的直接受益点在哪里？比普通变频空调节电？高效？环保？连专业人员都难以说清楚，别说消费者了。

以前，一位专家医生曾向一患者家属解说良性肿瘤与恶性肿瘤的不同，他说良性的手术后，如离核的桃子，掰开后，桃核纹理清晰干净；恶性肿瘤则桃核与桃肉粘连在一起，分离不彻底，桃核凹凸纹理中仍粘带桃肉。这位专家，如果用专业术语，从医学细胞角度去解释的话，那就不易明白了。深奥的东西浅显易懂的说出，把专业理论转为熟悉的生活常识，使受众或消费者明白认可，这才是沟通的艺术。

有个熟悉的小故事能让这些文案创作者汗颜。有一个国王，要他的大臣用一句话概括世界6000年的发展史。这位大臣说：“他们出生了，受了苦，又死了。”

空侃惯了的广告标题制作者，不妨看一看有关新闻标题的制作。《知音》是广大读者喜爱的杂志，其发行量逾百万，它在标题制作上独具特色，形成《知音》的风格，标题在情感浸润中充满故事性，或戏剧化，不仅一目了然，还能调起受众情绪，诱导阅读正文。如标题“此恨绵绵啊，缘自那一夜迷情”（知音2000.2）；标题：“单身女博士，十五载生死之恋情恨苍天”（知音2000.2）；主题：“美女与‘野兽’：奏出和谐乐章”，副题：“记‘女飞人’琼斯和她的丈夫亨特”（知音2000.12）；主题：“花儿为什么今又红 颠沛救子泪沾襟”，副题：“《冰山上的来客》女主角阿依夏木挽救失足爱子的故事”（知音2004.2）。不管单式题或复式题，标题中有新闻实事、特色、情感、故事、情节，魅力要素适应读者心理，很抓人。

3. 杂乱症

内容杂，编排乱。引题、正题、副题一大套，字号大小不分，图、文、标题轻重倒置，像是一个没有指挥的乐队，各拉各的调，各吹各的号，原本可以奏出动听的音乐，结果变成了刺耳的噪音。看似万紫千红争春斗艳，实则没有红杏出墙的意蕴或一枝独秀的花魁。丰富的内容缺乏侧重的诉求，复杂的思想没有提炼成简明的主题。单一的广告版面呈现多义的标题，乱花迷眼。

例如，《半岛都市报》2002年12月5日刊登一则1/2通栏广告，

左边是广告文案，横排：

"茅台村小酒保第三代

中国名优白酒

代理'小酒保'

赠送长安汽车"

右边是图，左边还有招聘内容。几乎相同的字号编排，轻重模糊分不出那是重点，上两句是诉求点，还是下两句是重点，两层意思主次难辨。

报纸7cm×23 cm通栏广告，引题："被青岛市政府评为家装企业'放心满意单位'"正题："起飞装饰，与时俱进，真诚与你相伴十年"副题："倡导高尚，装饰平民化，无穷创意在起飞"。这本是一组主题较杂的企业形象广告，可偏在其右边占版面1/3位置又冒出一个产品标题："金飞马漆，给足面子。"乱上加乱。

丰富的思想内容及信息难于一下表述，不妨提炼概括为主题理念，然后再围绕中心思想从不同的角度去表现，形成系列广告，一事一议。

2001年，麦肯·光明广告公司创意制作的《北京晚报》系列形象广告，就是很好的一个案例。晨报、日报、晚报是传统报业为市民提供的“一日三餐”，定位不同，生存空间不同。晚报报道的是深夜日报截稿后到第二天中午晚报付印前，当地和国内外最新发生的新闻。信息量大雅俗共赏，贴近读者与生活，晚报先报的优势特色是其立足之本。都市报的崛起，加剧了媒体的竞争，一些报纸在市场争夺混战中迷失自我，丢失了本来特色。《北京晚报》以广告诉求形式喊出“晚报，不晚报”旗帜口号，把晚报最大的优势昭示天下。并以不同方面表现“晚报不晚报”这个中心主题。

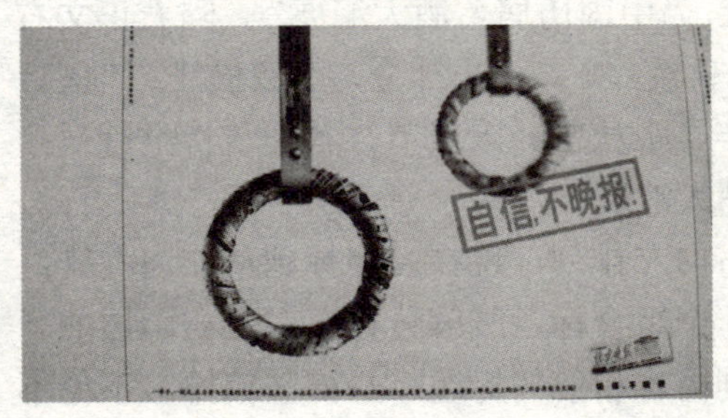

“自信，不晚报”；“坚持，不晚报”；“生活，不晚报”；“时尚，不晚报”每个标题都围绕主题从某一方面去表现。一事一议，做深做透。

广告标题编排不像

新闻标题那样严谨规范有规律，但也不能像天女散花般随意，活泼灵便不等于随便，形式多样不等于杂乱无章。不论从版面位置字号选配，还是从阅读视觉效果，标题都应放在显赫的方位，并有足够的“呼吸”空间。实际很多编排者把版面当成调色板，横一笔，竖一笔，像电影里土著人的脸，横七竖八，斑驳陆离。

2002年9月1日，青岛某报刊登青岛百盛超市整版广告，可惜广告标题编排杂乱。广告上半部分：引题竖排“欢迎您的惠顾，感谢您的关爱”，正题竖排：“中国历届名酒大汇展”，隔着正文右边竖排副题：“南山百盛中秋致辞”。下半部分，引题横排：“庆百盛（南山）超市店庆五周年、中秋节、国庆节、教师节特举行”；正题横排：“中国历届名酒大汇展”。

传统的竖排标题应从右向左排列，现在习惯标题从左向右排，但一般没有中间加塞，把一个组合标题肢解分排在左、右两边的。再者同一广告版面竟有两则内容相似的标题，且横竖编排，不伦不类，花钱打“糨糊”。如果把标题改为这样，正题：“中国历届名酒大汇展”，副题：“南山百盛超市五周年喜庆佳节致辞”，岂不节省一大笔广告费？

有些复式标题，引题、主题、副题次序颠倒错位，字号字体不均衡，看了别扭，影响广告效果。如青岛某报2004年7月1日刊登的一则广告，文案标题竖排：引题：“中国最大的庄园”（三黑），“中国民间小故宫”（小四宋），主题：“牟氏庄园”（约六十三磅魏手写）。“中国民间小故宫”这句话应该放在主题之后作为副题，对主题内容的补充，而不该放在主题前面。

2000年，青岛广播电视局南门马路对面有长方形的路牌广告，原本是一个不错的疑问式标题，但因布局排列错位，造成视觉效果欠佳。广告牌右边正题竖排：“是谁点亮这片土地？”眼球转了一会才发现广告牌的上方横排副题：“颐中房地产”。不明白为什么要这样编排标题，人的阅读率是4～6字/秒，经过的时间为1～2秒，难道在和一闪而过的乘客玩猫捉耗子游戏？

广告标题巧用成语和名句，合乎情理能收到事半功倍的效果，但滥用成语或乱改名句，则易弄巧成拙。“闲（贤）妻良母”，“车到山前必有路，有路便有丰田车”等巧用之作能被受众认可与接受。而像“有痔（志）之士”，“好色之涂”，“制冷鲜峰”，“鸡（机）不可失”，“眼睛模糊疑无路，唐观光明又一村”（唐观牌眼药），“骨关节炎疑无路，葡立问世又一村”（葡立胶囊）等滥改之作，狗尾续貂，适得其反。

青岛某报2000年8月4日刊登胡姬花牌花生油广告，标题是“美食之味，油饪有余”。把成语“游刃有余”中“游刃”改为“油饪”，意思变了。“油饪有余”只能说明做饭烧菜使油过多。题旨也变得南辕北辙。再者受众看报，扫一眼的瞬间，谁有心思去琢磨“油饪”二字。

从阅读习惯上，像大卫·奥格威所说：“调查告诉我们，读者是以很高的速度穿越广告丛林，他决不会停下来去解扑朔迷离的标题里的谜的。”

从文化心理接受上，糟蹋了传统优秀文化。北京市第十二届人大常委会第四次会议上，《北京市实施〈中华人民共和国国家通用语言文字法〉若干规定》获表决通过。其第13条规定：“企业名称，商品名称以及广告应当以国家通用语言文字为基本用语用字。违反规定的，由本市工商行政部门依据有关法律法规进行处理。”这是对那些乱用谐音异类广告下的“封杀令”。

4. 平庸症

平庸者，习以为常，不以为然。看似正常，实属亚健康。亚健康者，四肢五官都有，五脏六腑及各部件也无明显症状，就是缺乏人的精神与活力，没有感染人的气息。广告标题平淡如水，品而无味；不温不火，不喜不悲，有形无神。缺乏棱角，四平八稳的模式化，看似构件俱在，貌似要素都有，品牌，企业名称，具体信息齐备，就是没有个性、活力、创造等元素，写实而不鲜活，有信息而无特色。平庸不出众，没有注意力与视觉感的广告标题，纵有千言万语，亦成空。

一份综合类报纸，一天刊出量少则几十版，多则近百版，广告量大，其中招聘、招生广告，医疗广告，保健品广告，商场促销广告，占报纸媒介广告的50%左右，其中很多广告标题制作仍处在简单粗糙的初级阶段。类同无个性，呆板无新意。说什么，信息选择没有要素特点及侧重；怎样说，表现为地摊形式大陆货，陈词滥调将就凑合，虽居好位置，照样不“抓”人。有潜值的璞玉，没有精雕细琢，也难以放出光彩。在众多信息堆里这类广告被消融于汪洋之中。

（第11届中国广告节获奖作品）　奇正药广告和紫环睡眠仪广告，把一般的产品表现得不一般。

当然，有些如占几平方厘米的信息分类广告，或有一定格式的公告类广告，没有多少创造空间，但更多的是可以突破模式打破常规，推陈出新。例如，《北京晚报》2006 年 3 月 11 日刊登的两则培训广告：“没有教不会的学生，只有不会教的老师”（国软人力培训广告标题）；“东奔西走找工作，不如充电学网络”（北大青鸟网络工程师培训广告）。这两则广告标题在众多诸如“××× 招生”、“××× 培训”广告中脱俗而出，招惹眼球。再如，引题：“开启财富和梦想之门”，主题：“石老人观光园全面招商”（青岛晚报 2006.3.27）。很多招商广告标题过于单调平淡，这个广告标题如果没有引题，也同样显得单一乏味。因为引题的渲染，使标题语多了一份引诱与憧憬，潜在的发财美梦油然而生。虚实相映，梦想与现实的结合形成市场卖点。

创作怕平庸，这更是广告标题的大忌。广告是有偿的信息传播，没有效果的广告标题，不仅造成广告费的巨大浪费，也给社会造成信息垃圾环境污染。

“止痘专家，免费试用，无效退款”（止痘养肤软胶囊广告）

“康卫士香皂——健康的卫士”

“××× 学校春季招生”

“××× 超市让利大酬宾”

打开任何一张报纸这类的广告标题到处可见，但效果不及过去沿街叫卖的货郎：“冰糖葫芦……”

实际有些内容平淡朴实的广告，只要把握好主题针对有效目标消费群，即使表现制作不够精美，也能产生良好的广告效果。

1998 年青岛保健美容品市场，排毒养颜胶囊随着广告宣传走红畅销，2000 年市场上类似产品登台争霸，走向成熟期的排毒养颜胶囊广告做得有极强针对性与适应性。标题：“排毒养颜胶囊科学服用及注意事项一览表”（青岛生活早报 2000.7.16），文案表格式近半版，表格中分病种及相应服用方法。广告标题直击经常购买的目标消费者，并影响潜在受众，朴实无华有实效。

排毒养颜胶囊科学服用注意事项一览表

服用方法＼病种		便秘	痤疮	黄褐斑	肥胖病	高脂血	口臭	慢性胃炎	皮肤瘙痒	酒渣鼻	保健
病症特点		[illegible]	[illegible]	[illegible]	[illegible]	[illegible]	[illegible]	[illegible]	[illegible]	[illegible]	[illegible]
服用剂量	大便每日一次	1粒	1粒	1粒	1粒	1粒	1粒	1粒	1粒	1粒	1-2粒
	大便2-3日一次	3粒	2-3粒	3粒	3粒	2粒	2粒	2-3粒	2粒	2-3粒	
	大便3-4日一次	3粒	3-4粒	3-4粒	3粒	3-4粒	3-4粒	3-4粒	3-4粒	3-4粒	
	大便5-7日一次	4-6粒	4-6粒	4-6粒	4-6粒	4-6粒	4-6粒	4-6粒	4-6粒	4-6粒	
服药次数		2次/日	2次/日	2次/日	2次/日	2次/日	2次/日	2次/日	2次/日	2次/日	1次/日
服药时间		早饭前睡前	早饭前睡前	早饭前睡前	早饭前睡前	早饭前睡前	早饭前睡前	早饭前睡前	早饭前睡前	早饭前睡前	睡前
要求大便次数		1-2次/日	2次/日	2次/日	2-3次/日	1-2次/日	1-2次/日	1-2次/日	1-2次/日	1-2次/日	1-2次/日
注意事项		[illegible]									

排毒养颜胶囊让您在一天内感受到排毒的畅快与轻松！

咨询电话:3870286 特约经销:

2000 年“红常青羊胎素”进入青岛市场，该产品平面创意并没有惊人之处，卖点是个古老的命题：红颜不老，生命常青。但广告标题制作的俗中见雅，平实有味。

引题：红常青羊胎素

正题：告诉你一个红颜不老的秘密

引题：红常青羊胎素

正题：“时光倒流”看得见

引题：红常青羊胎素

正题：让皮肤细胞“跳”起来

引题：一样的美丽，一样的自信，不一样的红常青羊胎素

正题：让女人——化不化妆都一样

引题：一样的美丽，一样的自信，不一样的红常青羊胎素

正题：让女人——结不结婚都一样

引题：一样的美丽，一样的自信，不一样的红常青羊胎素

正题：让女人——生不生孩子都一样

不平庸，是因为有个性，有新意，表现到位。鲜活的生活，变化多姿的市场，丰富的内心世界，只要认真去看，细心倾听，努力感受，善于对日常生活中常景、常理、常情进行创造性的挖掘和表达，就会有信息碰撞的火花，有所感悟，有所发现，超凡脱俗跳出一般。不管是浓妆艳抹的豪华贵妇，还是粗装乱发的村俚美女，或是秀外慧中的大家闺秀，或是灵巧清雅的小家碧玉，能鹤立鸡群，让人注目就好。

5、生硬症

生硬像一位教条、呆板、自负、冷傲手持戒尺的先生，一副失去温存的冷酷相。语态生硬、言词无情、眉目肃杀，让人退避三舍，那还会有积极热烈的响应。硬得发愣、冲人，说出话来能把人砸个半死，或呛得人直翻白眼。广告是销售艺术，在与消费者沟通中实现促销目的。虽不能微笑服务，也不应该板着面孔，冷若冰霜传经说道。或把广告当成金科玉律，指令性要消费者贯彻执行，或者趾高气扬，居高临下，俯视消费大众，来教化他们，充当他们生活中的“领导”。

正题：“爱父母就快行动”

副题：“‘四世同堂’中秋、国庆有赠”

这是四世同堂海狗鞭产品广告标题，刊登在2000年8月30日的青岛某报，与其说是号召，倒不如说是指示，爱父母的话就快去买，否则就是不爱。海狗鞭系壮阳补肾产品，父母都需要吗？赤裸裸撕开遮羞布传播这样的经，不知有多少儿女被“点化”的去行动。如果把指示的形式变为提示的表达，就有亲和力了，如中国网通小灵通广告，引题：“小灵通提醒您：选择使用健康的移动通信工具”，主题：“带‘健康’小灵通回家 新一年会更旺”（青岛晚报

2006.1.25）。

正题：缺钙是一种病

副题：治病就要用新药 ×××

这则广告标题，俨然一位专家大夫给下的权威性结论，语气强硬，斩钉截铁，没有商量余地——你照办吧！据一些广告宣传资料显示，缺钙的人甚多，不分男女老少很普遍，姑且就是一种病，难道只有 ××× 能治？新药处在市场开发期，板着面孔说教，成熟的消费者能有几分认可，钙产品市场上十几种，一个初出茅庐的“小子”，诈唬什么。药品关系性命，新药就是好药吗？药物学家为“好药”规定了三个条件：一是必须疗效确切；二是对人体的毒性或副作用最小；三是相比之下价格便宜且服用方便。新药可能对某些疾病有良好的疗效，或者比同类药物更胜一筹，但是新药应用时间较短，试用的病例也有限，因此使用新药的风险比老药要大。20 世纪 50 年代，美国研制的药物“反应停”，就造成了震惊世界的“反应停事件”。更何况药补不如食补。牛奶含钙多，其次是豆制品、鸡蛋、花生、虾皮、海带、紫菜、山楂、马铃薯等，再者每日晒太阳 10 分钟，也可获得机体所需的维生素 D，有利于钙的吸收。

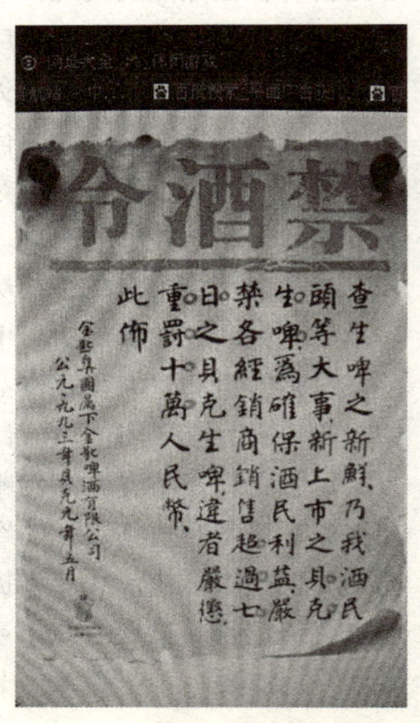

贝克生啤广告“禁酒令”，文案借用“令”的写作形式和语言风格特点，将广告信息用规范的公文形式表现出来，产生一种独特的说服力，又不乏幽默色彩，会心一笑印象深刻。而有些广告以上级对下级的公文形式出现，诸如标题：

“×××紧急降价通知”，带有指令性，要求消费者按广告说的去办。消费者对“降价”、“折扣”、“优惠”、“献礼”等江湖游戏早已熟悉，再用这种“通知”的口气，极易造成逆反心理。即使有利好消息，也影响了广告接受效果。

下面两则广告标题给人的感觉就大不一样。

“朋友！出门前，请先用飞利浦电胡刀刮胡子。”一声朋友，似曾相识，拉近了目标消费者的距离，倍感亲切；出门前的提示：“刮胡子”，是“面子”形象问题。在友情关爱中传递出广告卖点。

港中旅国际旅行社刊登过一则春季旅游广告，“温柔乡，樱花与温泉的日本”（青岛晚报2006.3.28），标题以介绍的形式突出春游日本的自然之美。正文第一自然段写的情真意切，宛如身边的朋友亲切交谈：“日本是一个精巧的有内容的国家，如果你有时间不妨去走走看看。我想，对于每天忙碌于工作的人们来说，5～6天的日本之旅应该是最适合的。如果你想领略一下日本的异国情调，又不想被繁琐的签证申请所牵绊，寻找一家你信得过的旅行社就成了你的首选。如果能够得到你的信任，将是我们最大的荣幸。我们等待着你的到来。”在感性与知性融合中，给人以平和、温馨、亲切感，不经意间，引导着消费者，感受那异国情调，春光秀色中的自然美。

优秀的文案创作者不会使广告呈现僵硬的面孔，即使社会性的公益宣传也感觉不到它的说教味。如广州日报杯公益广告金奖作品“保护藏羚羊系列”。

该系列广告反映的是生态环境的大主题，但完全摆脱了宣传中的“说教式”、“标语口号式”的窠臼，用富有视觉冲击力的画面与画龙点睛的标题语震撼受众的心灵。

“它在寻找午餐？不！它正成为别人的午餐！”

（画面，原野上寻食的羚羊）

“幸福在母子间环绕？不！有人看到一条价值2万美金的披肩

在缠绕！”

（画面，原野上小羚羊环绕在母羊前亲昵状）

“这是奔腾不息的羚羊群？不！这是濒临灭绝的种群！”

（画面，原野上奔跑的羚羊群）

“它们在自由地奔跑？不！它们正在绝望地逃跑！”

（画面，原野上惊慌逃跑的羚羊）

广告对消费市场固然有引导功能，但它是以艺术的形式去表现，以情、理、利的要素去打动消费者，是沟通的艺术，绝非生硬的说教或按着“鼠标”指令打开他们的钱包。面对日益理性的消费者，广告应去说服与感动他们，以平等的姿态亲和的语言与他们的文化心理、消费意识、购买习惯沟通，创造并满足他们的需求。让广告标题有点笑容、活力、人情味吧。

优秀广告标题选

这仅是优秀广告标题中的一部分。所选标题，在图文并茂的广告组合表现中特色鲜明，富有意蕴，即是脱离原始背景或插图，仍不失个性色彩。书中引用许多优秀标题与所选者，仅供参考。

意识形态类

○和 TOSHIBA 一起工作，具有观赏价值。

（TOSHISA 笔记型电脑企鹅篇广告，中国广告 2001.9）

○不习惯被欣赏的人，不适合 TOSHIBA。

（TOSHISA 笔记型电脑长颈鹿篇广告，中国广告 2001.9）

○他本来只想买洗衣机，不小心买了一家洗衣店。

（Toshiba 洗衣机叠衣篇广告，中国广告 2001.9）

○他很讨厌洗衣服，于是买了一家洗衣店。

（Toshiba 洗衣机女仆篇广告，中国广告 2001.9）

○ 1999 年有个叫詹宏志的人，让我们很不快乐！

（个人计算机家杂志不快乐篇广告，中国广告 2001.9）

○ 1999 年还不知道詹宏志是谁的人，可以去睡觉了！

（个人计算机家杂志睡觉篇广告，中国广告 2001.9）

○最后的春光乍泄。

（中兴百货春季折扣 梯田·书本·大树篇广告，中国广告 2001.9）

○为了妖艳而妖艳，人们称为过新年。

（中兴百货春节贺年 男人、女人篇广告，中国广告 2001.9）

○对自己的无知很无知，曾经在昨天很流行。

（中兴百货企业形象钉床篇广告，中国广告 2001.9）

○美好生活就是最温柔的报复。

（中兴百货春装上市河床篇广告，中国广告 2001.9）

○作为“消费者”比作为“公民”幸福。

（中兴百货周年庆公民篇广告，中国广告 2001.9）

○“消费正确”比“政治正确”正确。

（中兴百货周年庆消费正确篇广告，中国广告 2001.9）

○我爱流行，所以我存在。

（中兴百货广告，国际广告 2001.1）

○时尚经济学不是自由竞争，是抢先寡占市场。

（中兴百货广告，国际广告 2001.1）

○财富重分配是别人没买到衣服，而你统统购并。

（中兴百货广告，国际广告 2001.1）

○幸福就是一群姐妹淘和一块好布料。

（中兴百货广告，国际广告 2001.1）

○衣服，衣服是这个时代最后的美好环境。

（中兴百货广告，国际广告 2001.1）

○知识使你更有魅力

（中国时报广告，国际广告 2001.1）

汽车

○标题 我的境界，就是新世界

（现代汽车君爵 XG 广告，半岛都市报 2004.10.16）

○标题 行如风，稳如松。但谁能同时如风又如松？

（新中华汽车广告，半岛都市报 2004.10.19）

○主题 没有缝隙，坚固无懈可击。

副题 金杯海狮无缝一体化车身，耐久更坚固，经得起时间考验。

（金杯海狮汽车广告，半岛都市报 2004.10.19）

○标题 收放自如，体验凯越 1.6L 的高效动力

（凯越汽车广告，青岛晚报 2004.10.19）

○标题 别有洞天，尽享凯越 1.6L 的高效空间

（凯越汽车广告，青岛晚报 2004.10.19）

○主题 在达喀尔，多余的油都是负担

副题 帕杰罗运动百公里等速油耗仅为8.8升

(环球时报 2004.5.10)

○标题 福临万家，美行天下，福美来优雅登场。

(海南马自达广告，齐鲁晚报 2002.8.9)

○主题 比生命更珍贵的，是珍惜生命的极致用心

副题 CHEVROLET SPARK，47%超高强度钢板车身，极致安全保护

(雪佛兰SPARK广告，南方周末 2004.10.14)

○标题 如果你真的既想要好气派又要求大内涵，那么桑塔纳旅行轿车二者兼备

(上海大众汽车广告，中国广告 2001.2)

○标题 如果你真的既想要高速度又要求大容量，那么桑塔纳旅行轿车二者兼备

(上海大众汽车广告，中国广告 2001.2)

○标题 能创造出多少内容，你就有多少内容

(上海通用别克公务商务旅行车方格篇广告，中国广告 2001.2)

○标题 风雨变换，唯我品质不变

(上海通用五菱汽车广告，南方周末 2003.12.4)

○标题 肚子里能装多少东西，你就有多少东西

(上海通用别克公务商务旅行车轮船篇广告，中国广告 2001.2)

○标题 对安全的把握，有多高你就有多高

(上海通用别克公务商务旅行车树篇广告，中国广告 2001.2)

○引题 一样的价格，不一样的空间

正题 居同档次出租车之首

(上海大众汽车广告，北京晚报 2001.1.15)

○标题 上海大众乌鲁木齐维修站和上海大众的直线距离畅达

3300 公里，但服务水平丝毫没有距离

（上海大众汽车维修服务广告）

○主题 不对立

副题 别克统一了大马力与低油耗 让你轻松享受浑厚动力

（钱塘江报奖 1999 年优秀报纸广告）

○主题 不凡

副题 明码实价，妥善周全的售后服务，再一次证明别克出众不凡

（钱塘江报奖 1999 年优秀报纸广告）

○主题 不疏忽

副题 别克严谨周密的安全设计，让你放心上路

（钱塘江报奖 1999 年优秀报纸广告）

○引题 一分半钟，或许你还画不完一辆……

主题 一分半钟，我们可以造出一辆车！

（上海大众汽车广告）

○主题 有时，压力就是最好的动力

副题 1.8T 涡轮增压发动机，瞬间提升动力

（上海大众汽车，中国广告 2004.5）

○标题 知马力不一定路遥，钟情金龙却在一见

（厦门金龙汽车广告）

○主题 古有愚公，今有柳工

副题 柳工——创造新世界的先锋

（柳工机械公司挖土机广告）

○主题 365 里路

副题 近了，更近了！带着爱上路，让激情洒满回家的旅程

（北京现代汽车中秋节广告，半岛都市报 2004.9.27）

○标题 你说胸有乾坤才叫大丈夫。4.88 米的胸襟，你怎么称呼？

（新中华汽车广告，半岛都市报 2004.9.13）

○主题 雪佛兰 SPARK，现在仅售 4.58 万

副题 高品位不必与高价结伴而行

（半岛都市报 2004.9.24）

○标题 对于捷达，没有冬天

（捷达汽车广告，半岛都市报 2004.1.12）

○标题 这种时机，无闲也是一种幸福

（中华三菱商用车广告，国际广告 2002.10）

○标题 最大爬坡度 100%/45° 比任何人都更接近天空

（运动型全能车途锐广告，青岛晚报 2004.6.22）

○标题 我来了，我看见了，我流口水了

（奔驰汽车广告，现代广告 1999.9）

○主题 每一道飞溅的泥浆 都在为 LAND CRUISER 陆地巡洋舰喝彩

副题 LAND CRUISER 勇夺 2004 年巴黎——达喀尔汽车拉力赛非改装车柴油组冠军

（齐鲁晚报 2004.10.21）

○主题 跟自己“过不去”，只是不想简单“过得去”！

副题 CHEVROLET SPARK，160 余次、55 辆实车的碰撞测试，强体修身之道。

（雪佛兰 SPARK 广告，齐鲁晚报 2004.10.21）

○主题 洞察秋毫 明辨黑白

副题 东风标致 307，光感狮眼晶钻头灯

（齐鲁晚报 2005.3.25）

○主题 成功者，走过之处皆是路

副题 东风标致 307，保时捷技术 Tiptronie 变速箱

（北京晚报 2005.3.22）

○主题 当你读完这行字时 凯迪拉克 CTS 已从 0 加速到每小时

100 公里

副题 凯迪拉克 CTS 豪华运动轿车

(北京晚报 2005.3.22)

○标题 菱帅一年省的油，足以多跑一趟万里长城！

(菱帅汽车广告，半岛都市报 2005.4.13)

○主题 跑得再远，都回得了家

副题 潍柴客车动力，百万公里无大修，往返月球足矣

(凤凰周刊 2005.8)

○主题 明耀的光芒 不仅来自天空

副题 新天籁，以智能转向车灯设计开拓宽广视野

(新天籁轿车广告，齐鲁晚报 2006.4.29)

○主题 临弯，不乱。

副题 DSC 动态稳定控制系统，确保转向安全

(maZDa6 轿车广告，汽车杂志 2005.5)

○主题 天生机敏 应势而动

副题 东风标致 307，感应式自动雨刷

(汽车杂志 2005.1)

○引题 宽广空间 尊崇商务移动舞台

主题 别克陆上公务舱

(半岛都市报 2006.4.14)

○主题 品质先 方敢天下先

副题 10 年 20 万公里超长保用，尊驰领路

(轿车广告 齐鲁晚报 2005.3.2)

○标题 零下 50 度时挡风玻璃开始爆裂，可我们的引擎仍在转动

(美孚 1 号润滑油广告，汽车杂志 2006.2)

○引题 皇者出巡，也不曾以 560 匹骏马开路……

主题 宾利欧陆 GT 双门四座轿跑车

副题 560 匹澎湃动力 650 牛·米强大扭矩

极速 318 公里 / 小时　0 ～ 100 公里仅 4.8 秒

（凤凰周刊 2005.4）

房地产类

○标题 把心思花在别人看不到的地方是否很不明智？

（华林居广告）

○引题 万科城市花园告诉您——

主题 不要把所有的鸡蛋都放在同一个篮子里

副题 购买富有增值潜力的物业，您明智而深远的选择！

○引题 万科城市花园提醒投资者——

主题 煮熟的鸡蛋不怕碎

○引题 万科城市花园提醒投资者——

主题 借鸡生蛋

○引题 万科城市花园提醒投资者——

主题 鸡生蛋蛋生鸡

○主题 思想者来了，香槟开了

副题 4 月 29 日美林香槟小镇开盘！

（美林香槟小镇广告）

○主题 一想到回家

副题 去小镇的车子就骄傲起来

（美林香槟小镇广告）

○主题 太阳刚刚出来

副题 贪吃的太阳就从庭院溜进了厨房

（美林香槟小镇广告）

○主题 谁来承包这片风水宝地？

副题 海云庵商城二期工程即将破土

（青岛广播电视报 1992.47）

○标题 积跬步，以致千里

（青岛海信地产形象广告，青岛早报 2003.4.28）

○标题 独门独户的生活，其乐融融的情趣

（青岛名都苑广告，半岛都市报 2004.7.19）

○标题 有人一生只戴劳力士却不懂时间

（房地产广告观点篇，中国广告 2004.6）

○标题 有人一生赚钱无数却迷失了方向

（房地产广告观点篇，中国广告 2004.6）

○标题 有人一生从不缺房子却没有家

（房地产广告观点篇，中国广告 2004.6）

○标题 有人一生爱过很多人却没有真正的爱人

（房地产广告观点篇，中国广告 2004.6）

○主题 五分钟 大海如此亲近

副题 我们的别墅生活 从银滩恋晶城开始

（半岛都市报 2004.10.21）

○主题 月湖豪庭——我家就在岸边住

副题 品质生活 择水而住

（半岛都市报 2004.10.21）

○引题 世界上没有相同的两个人

主题 却有相同的生活态度

（金光都市名家广告，半岛都市报 2004.10.21）

○引题 早有书香门第 孟母何须三迁

主题 书香门第

（书香门第房产广告，半岛都市报 2004.10.21）

○引题 都市中心区公园住宅

主题 贮水山·都市华庭，送你一千二百亩山林氧吧

副题 贮水山的一千二百亩自然山林，源源不断输送新鲜氧

气，有如天然氧吧！

（半岛都市报 2004.10.21）

○主题 贮水山·都市华庭，每天多送你 3 个小时

副题 都市华庭周边配套齐全，出门就是商场、超市，不仅轻松方便，还节省了大把时间！

（青岛晚报 2004.10.27）

○主题 诺贝尔山庄

副题 零距离公园生活 24 小时鲜氧 180 度阳光 270 度景观 365 天健康生活

（半岛都市报 2004.5.8）

○主题 在 100 亩流水绿地间只造 11 幢房子

副题 万安城市花园·西苑 向往了一辈子的房子

（“钱江报奖”1999 年优秀报纸广告）

○主题 一座投资 2.5 亿的花园，仅住 300 户人家

副题 万安城市花园·西苑 向往了一辈子的房子

（“钱江报奖”1999 年优秀报纸广告）

○标题 门泊 7 万平方米碧波 亲水大宅

（北京房地产柳清居广告，国际广告 2002.6）

○标题 光合 4000 株绿柳 养生大宅

（北京房地产柳清居广告，国际广告 2002.6）

○标题 坐享 数亿元投资 野趣大宅

（北京房地产柳清居广告，国际广告 2002.6）

○引题 30 万平方米江南风情社区 2 万平方米苏州园林再版生活在宣颐家园

主题 李白不再忆江南

（宣颐家园房产广告，国际广告 2002.6）

○引题 30 万平方米江南风情社区 2 万平方米苏州园林再版生活在宣颐家园

主题 陶渊明 每天都曰桃花源

（宣颐家园房产广告，国际广告 2002.6）

○引题 30 万平方米江南风情社区 2 万平方米苏州园林再版生活在宣颐家园

主题 李清照 又入藕花深处

（宣颐家园房产广告，国际广告 2002.6）

○主题 斑驳的石阶与坡地上的光影美学

副题 依林雅筑《坡地生活启示录》

（学府大道 69 号地产广告，国际广告 2005.5）

○主题 风中的自行车与坡地上的美丽人生

副题 依林雅筑《坡地生活启示录》

（学府大道 69 号地产广告， 国际广告 2005.5）

○主题 树林里的纸飞机与坡地上的优雅哲学

副题 依林雅筑《坡地生活启示录》

（学府大道 69 号地产广告， 国际广告 2005.5）

○主题 浅水湾

副题 每 7000 平方米绿地只生长一栋别墅

（青岛户外广告）

家电通讯

○主题 微不足道的一声，足以影响“春兰”所创造的宁静

副题 1995 年隆重推出新一代宁静空调

○标题 照明世界的里程 我们已走过百余个春秋

（通用电器嘉宝照明公司广告）

○主题 变动的城市，不变的伴

副题 TCL 电脑，想着每一个中国家庭

（国际广告 2001.4）

○主题 照亮婚姻的电灯泡

副题 TCL 电脑，想着每一个中国家庭

（国际广告 2001.4）

○主题 你好，电脑老师！

副题 TCL 电脑，想着每一个中国家庭

（国际广告 2001.4）

○主题 谁说打字非要动手？

副题 新月“无线自由风”，打字动口不动手！

（新月电脑广告，半岛都市报 2005.3.11）

○主题 海尔冰箱在澳大利亚

副题 得到了澳大利亚式的欢迎……

（国际广告 2001.4）

○主题 海尔空调“嵌入式”

副题 隐形不占地 劲吹健康风

（新周刊 2001.6）

○引题 2004 年中国城市消费者空调需求调查

主题 8 成认变频　7 成选海信

（海信空调广告，青岛早报 2004.9.27）

○主题 美国纽约——海尔空调 7 小时销售 7000 台

副题 美国著名家电零售周刊《HFN》发布

○标题 我们走过的每一步 都是领先的脚步

（康佳彩电形象广告，国际广告 2000.7）

○引题 美的电磁炉

主题 样样都精通，下厨好帮手

（电视广告）

○引题 上上下下的享受

主题 上海三菱电梯

（电视广告）

○标题 留在20世纪的　带入21世纪的

（夏普液晶电视窗广告，国际广告2000.11）

○引题 旧屋已换新居了

主题 热水器换什么？

副题 皇明冬冠家庭热水中心震撼上市

（青岛早报2004.6.9）

○引题 电视已换高清了

主题 热水器换什么？

副题 皇明冬冠家庭热水中心震撼上市

（青岛早报2004.6.10）

○引题 海信变温冰箱

主题 变温16挡 新鲜自由选

（半岛都市报2004.7.9）

○标题 飞利浦小家电 时尚生活每一天

（青岛晚报2004.6.18）

○主题 有朋友自远方来，不亦乐乎

副题 一百度的热茶，一百度的诚意

（电子保温热水器广告）

○引题 海尔空调氧吧宣言

主题 除菌换气 健康呼吸

（齐鲁晚报2004.4.30）

○标题 健康、微笑、绿色、清新，美的空调

（2004全国报纸优秀广告奖广州日报杯获奖广告）

○主题 实现“浴”望容易吗？

副题 钉两钉 挂上墙 接通水电 拧开水龙头 热水不断

（龙雨热水器广告， 青岛广播电视报1995.21）

○标题 人间有母爱 万家乐融融

（万家乐母亲节广告，青岛日报1992.5.9）

○主题 分开没道理 统一是方向

副题 桑乐太阳能数字化一体机上市

(桑乐太阳能广告， 半岛都市报 2006.5.12)

○主题 最真一刻，看到就能拍到

(惠普数码相机广告，北京晚报 2004.10.8)

○主题 数码相机的“体内脂肪系数”0%

副题 拥有如此众多的尖端功能而外观却精巧惊人

(松下数码相机广告，青岛晚报 2004.3.16)

○引题 法国人发现，寻找美味黑松菌的秘密是鼻子 现在松下发现，实现真正微波、烧烤同步的关键是变频技术

主题 松下变频微波炉 美味来得快

(齐鲁晚报 2004.10.6)

○引题 联想香水手机

主题 闻香识女人

(齐鲁晚报 2004.4.30)

○标题 有 BOL，取经不必上西天

(BOL 网站广告，国际广告 2001.4)

○主题 中秋佳节，亲情更需“长”沟通

副题 打长途，就用网通长途电话

(网通长途电话，半岛都市报 2004.9.27)

○引题 每天仅需 8 分钱

主题 国内长途随意打

副题 长话滔滔，花费了了……

(中国网通广告，青岛早报 2005.1.28)

○主题 沟通比任何礼品都重要

副题 用“电话充值缴费卡”缴话费，方便又省心

(中国网通广告，半岛都市报 2004.11.16)

○主题 为什么选中国移动？

副题 网络好 计费准 业务多 服务优 现在入网：带4号码送话费，彩铃免费用！

(半岛都市报 2004.10.13)

○主题 你说慢点，第130个球是谁踢进的

副题 话费0.30元/分钟，侃球多久都无所谓

(130网络广告，国际广告 1999.7)

○主题 创造影像艺术

副题 索尼爱立信 S700c

(齐鲁晚报 2004.10.21)

○主题 滑动 心动

副题 三星滑盖手机，滑出时尚好礼

(北京晚报 2005.3.25)

○主题 好雨知时节

副题 广东电信资费大幅调整 真的好滋润

(广东电信系列广告伸手迎雨篇，国际广告 2001.6)

○主题 好雨知时节

副题 数据多媒体资源费下调 真的好滋润

(广东电信系列广告花上篱笆篇，国际广告 2001.6)

○主题 好雨知时节

副题 长途电话资费下调真的好滋润

(广东电信系列广告男女同伞篇，国际广告 2001.6)

○主题 宽带飚车族

副题 我们提供多样的宽带网络接入方式，让你的鼠标拥有飚的快感

(上海电信广告，解放日报 2001.6.15)

○主题 宽带飞行器

副题 我们提供多样的宽带网络接入方式，让你的鼠标享受飞的乐趣

（上海电信广告，解放日报 2001.6.19）

○主题 有随 e 行无线上网，冰岛的鲑鱼还没上钩，新客户已经到手

副题 有随 e 行无线上网，我的世界随我行

（北京晚报 2004.10.4）

○主题 适合的就是最好的

副题 ——我的生活我的小灵通

（青岛早报 2003.9.3）

食品酒类

○主题 上等前腿原块猪肉入馅

副题 鲜活健康 拒绝一般散肉所含的血污和淋巴

（湾仔码头手工水饺广告，北京晚报 2004.10.8）

○引题 换上新装的太太乐宴会酱油

主题 入得厨房 下得厅堂

（中国广告 2004.5）

○标题 男人用心，女人动心

（太太美容口服液广告，南方周末 2004.10.14）

○引题 秋天，“太太”充润的季节

主题 不让秋雨淋湿好心情

（国际广告 2001.4）

○引题 秋天，“太太”充润的季节

主题 不让秋风吹干肌肤的水

（国际广告 2001.4）

○引题 秋天，“太太”充润的季节

主题 不让秋日带给女人一点点伤

（国际广告 2001.4）

○标题 石头醉了，也会唱歌

（口子窖酒广告，国际广告 2004.2）

○主题 赏明月皓朗 品华东美酒

副题 中秋有你，才更值得期待

（华东高级葡萄酒广告，半岛都市报 2004.9.24）

○主题 唐时宫廷酒 盛世剑南春

副题 中国历史上最早有文字记载的御用白酒品牌

（现代广告 2004.2）

○主题 好茶的另一种境界

副题 清香唇齿间 禅心天地外 茶凝崂山露 涧深水自甜

（崂山冰绿茶广告，半岛都市报 2004.5.11）

○主题 华东珍藏赤霞珠

副题 只为尊贵不凡的您

（华东高级葡萄酒广告，半岛都市报 2004.10.12）

○标题 酒和老婆一样　三十岁前像情人　三十岁后像亲人

（龙微葡萄酒广告，国际广告 2000.9）

○标题 笑过，哭过，一起走过。OLD 今年 50 岁。

（威士忌 OLD 酒广告，国际广告 2000.11）

○标题 月是故乡的圆 饼是好利来的好

（好利来月饼广告，现代广告 1999.12）

○引题 素菜吃出海鲜味

主题 海天蚝油

（国际广告 2004.4）

○标题 举杯天地醉 中国贵州醇

（电视广告）

○主题 古井贡酒

副题 英雄相饮略同

（路牌广告）

〇标题　表现好身手 张裕三鞭酒

（电视广告）

〇标题　抗疲劳温润厚泽 增活力内润刚毅

（加邦三鞭酒广告，半岛都市报 2006.4.12）

〇引题　点滴之间 高雅流露

主题　水井坊 中国高尚生活元素

（半岛都市报 2006.1.17）

〇引题　好朋友永远不氧化

主题　燕京鲜啤

（现代广告 2005.9）

药品保健品

〇主题 大脑非迷宫，理应路路通

副题 江中博洛克治疗脑血栓

〇主题 滴…滴…滴…

副题 年过 50 的男人忍耐得了很多事情，只有滴尿不止忍不了

（默沙东保列治广告）

〇标题 请你大声念 止痛三字经

（基多托药品广告）

〇标题 女人天生女人味，不要异味

（火鹤兰药品广告《伞篇》）

〇标题 女人天生难养，更怕瘙痒

（火鹤兰药品广告《伞篇》）

〇标题 女人天生要人痛，不要肿痛

（火鹤兰药品广告《伞篇》）

〇主题 风雨无常 世间知冷暖

副题 999感冒灵

（羊城晚报 1993.11.2）

○标题 回避只会滋长问题

（御苁蓉肾保健品广告，国际广告 2001.6）

○标题 失去健康，再深的关注都变成无助

（御苁蓉肾保健品广告，国际广告 2001.6）

○标题 骗自己等于害自己

（御苁蓉肾保健品广告，国际广告 2001.6）

○标题 拖延只会让问题蔓延

（御苁蓉肾保健品广告，国际广告 2001.6）

○引题 任何时候 任何地方

主题 有香口 没距离

（香口丸广告，青岛早报 2003.5.31）

○主题 自身调节的良药 幸福生活的“使者”

副题 ——谈前列腺肥大与延生护宝液

（青岛广播电视报 1993.2）

○标题 不打瞌睡的感冒新药

（丽珠感乐广告，青岛广播电视报 1995.15）

○主题 10秒起效，直达患处

副题 迅速消除宫颈炎，阴道炎病症

（阿希米药品广告，国际广告 2004.3）

○主题 咳得厉害吗？

副题 用先声咳喘宁吧！

（中国广告 2000.4）

○标题 替您挡住下一个喷嚏

（日本武田药品株式会社苯乍感冒缓释胶囊广告）

○标题 成长难免有创伤

（上海强生邦迪牌创可贴广告）

○标题 大自然提供白米生长的环境，杜邦开发稻田除草剂

（杜邦除草剂广告，国际广告 1998.5）

○引题 为什么天天补钙还缺钙？盖诺真告诉您

主题 食物中不缺钙，关键吸收有障碍

（盖诺真广告，半岛都市报 2007.5.14）

○主题 不要与 9 种人接吻！

副题 除非他（她）改用云南白药牙膏

（半岛都市报 2006.4.14）

○标题 别把耳朵当破锅修补，请用克立得耳药

化妆品

○标题 朋友记心间 大宝天天见

（大宝美容品广告，《健康与美容》杂志 2003.11）

○引题 白丽美容香皂的奥秘所在

主题 今年 20 明年 18……

副题 洗涤 护肤 美容 溶三种功效于一体

（上海制皂厂白丽美容香皂广告）

○主题 肌肤，再也挂不住皱纹了

副题 告别今天的幼纹，远离明天的皱纹

AQUAEX 润颜无痕精华液新上市

（半岛都市报 2004.9.27）

○主题 媚儿美白精华素 瞬间颠倒黑白……

副题 白后接着用，爽滑效果更迷人！

（《健康与美容》杂志 2003.11）

○标题 山不在高，有林则贵

（资生堂不老林养发精广告）

○引题 双唇持续闪亮

主题 光彩来自我的活唇膏！

副题 AVON COLOR 我的活彩妆

(GRACE 优雅杂志 2004.3)

○引题 近点，再近点

主题 你还能看到我脸上的皱纹吗？

副题 国际平皱专家——伊莎美尔

(半岛都市报 2004.9.10)

○主题 你的爱情不上锁？

副题——锁住水分，锁住爱情

(丁家宜化妆品美白保湿霜广告，半岛都市报 2004.9.2)

○主题 光彩惊现

副题 倩碧保湿洁肤水

(青岛晚报 2004.10.14)

○标题 琵琶弹不尽，几番深情；秀发耐寻味，最是动心。

(台湾一洗发乳护发乳广告)

○标题 无意苦争春，一任群芳妒

(美加净滋润唇膏广告)

○标题 遮挡不住的烦恼

(“立得”消斑灵广告，新民晚报 1993.7.23)

○主题 999 王妃祛斑霜

副题 医学祛斑 拒绝肤斑再生

(青岛早报 2005.3.4)

○标题 肌肤剔透白皙，如瓷光闪耀

(奥尔莱薇瓷白亮肤精华素广告，优雅杂志 2005.10)

○标题 让肌肤畅饮一杯红石榴水

(雅诗兰黛鲜活营养精华水广告，半岛都市报 2006.6.7)

媒体

○引题 春江水暖你先知

主题 南方日报

副题 每天三大张 天天有彩版 信息量更大 可读性更强

（第四届全国广告优秀作品）

○标题 千言万语 伴随您度过每一天

（广州日报广告）

○主题 今日“清明上河图”

副题 广州日报每天给你一幅现代都市风情画

○标题 信息时报 经济快餐

○主题 单靠镰刀是不够的

副题 欢迎订阅黑龙江农村报

○标题 利用我们吧，要不你就要被别人利用了

（《年轻的成功者》杂志广告）

○标题 看《环球时报》，把地球抱回家

○引题 居高声自远

主题 《半岛都市报》日发行量冲击百万

副题 选择决定市场……

（半岛都市报 2005.1.8）

○主题 《生活在线》

副题 生活有滋有味 你我共同体会

（青岛电视栏目广告）

○主题 超级女声

副题 想唱就唱 唱得响亮

（湖南卫视超级女声赛广告）

其他类

○主题 我们无比自豪

副题 第四次世妇会上有3650张椅子是华雅人的杰出产品

(华雅专业办公家具广告)

○标题 每一件美人牌内衣的里面都有一个真正的美人

(美人公司内衣广告)

○标题 在每个关键部位向你大献殷勤

(内衣广告)

○标题 使你的腰身变小，但不会使你的钱包变小

(内衣广告)

○标题 贝克来的领带把整个世界系在一起

(贝克来领带广告)

○标题 可怜的旧情人，看不到我的新内衣

(思薇尔内衣广告，国际广告2002.10)

○主题 今天去应聘，穿什么衣服最合适？

副题 白领职业服装系列

(太仓服饰广告，中国广告1999.4)

○主题 听说，最近大卫也不穿衣服了…

副题 白领职业服装系列

(太仓服饰广告，中国广告1999.4)

○主题 听说，最近维纳斯也不穿衣服了…

副题 白领职业服装系列

(太仓服饰广告，中国广告1999.4)

○主题 新塑身主义的“三八”宣言，做焦点女人

副题 炫身材减肥牛仔裤 恭祝女性节日快乐！

(半岛都市报 2005.3.3)

○主题 轻如浮云 暖如阳光

副题　鄂尔多斯羊绒世界顶级羊绒

（青岛晚报 2005.11.4）

○主题 我真的爱他，但我还有另一个依靠

副题 平安“远见女人”人生保障计划，女性足可信赖的依靠

（平安保险广告，半岛都市报 2002.11.26）

○标题 父母双方都用佳洁士刷牙，婴儿会长出健壮的牙齿吗？

○主题 抗污新“净”界，轻松擦洗乐无穷

副题 令污渍不易沾附和渗透 墙面擦洗比涂抹更容易

（立邦抗污墙面漆广告，青岛早报 2004.10.20）

○标题 北美枫情地板 感受北美风情

（电视广告 2006.3）

○标题 文史古扬州 诗话瘦西湖

（旅行社广告， 半岛都市报 2006.4.12）